Lieber Wissam:
Danke für das Bild!
Danke für die schöne Zeit!
Du starbst jung, aber dein Name
und die Erinnerungen an dich bleiben lebendig
in mir …!

Ruhe in Frieden!

Foto: Wissam *18.07.1998 ☾ 03.11.2015

In meinem Buch hat alles eine Bedeutung, auch dieses Bild. Dieses Bild ist mehr als ein normales Foto. Es zeigt unser Haus (340 Quadratmeter) in meiner Heimatstadt Rakka.

Dieses Bild wurde 2014 von einem guten Freund von mir gemacht. Aufgrund des Krieges in Syrien mussten wir alles hinter uns lassen. Ich hatte Heimweh, Sehnsucht nach meinem Haus und allem Schönen. Ich bat meinen Freund Wissam ein Bild von unserem Haus zu machen, da er zu dieser Zeit noch in Rakka wohnte - und noch lebte. Ich wollte unbedingt ein Bild davon haben, weil ich Angst hatte, dass unser Haus aufgrund des Krieges bombardiert werden könnte, wie alle anderen Häuser, die jetzt in Trümmern liegen. Wissam ist mit seinem Auto schnell hingefahren, hat ein Bild von dem Haus gemacht und es mir per WhatsApp geschickt. Dieses Bild hat mir und meiner Familie viel Freude gemacht, da wir nicht mehr in Syrien sein konnten.

Leider kann mir Wissam jetzt keine Bilder mehr von unserem Haus schicken. Nicht weil unser Haus zerbombt worden wäre, sondern weil sein Körper durch einen russischen Flugzeugangriff zerfleischt wurde, als er in der Stadt unterwegs war. Seine Familie konnte nur einen seiner Schuhe finden. Wissam hat jetzt ein Grab, aber dieses Grab ist leer.

Er war zur falschen Zeit am falschen Ort, wie viele andere unschuldige Menschen, die das gleiche Schicksal hatten.

Geleitwort von Reinhard Wiesemann
(Vorstandsmitglied und Stifter der VielRespektStiftung)

Liebe Leserin, lieber Leser,

eine Gesellschaft muss von innen her stark sein, und wenn neue Menschen hinzukommen, dann sollten wir sie kennenlernen und von ihren Träumen und Ängsten wissen. Wenn wir uns gegenseitig besser verstehen, vertrauen wir eher einander. Dazu soll dieses Buch einen kleinen Beitrag leisten - herzlichen Dank an Moutasm für sein Engagement! Ich glaube, dass Deutschland nach 1945 aufgrund seiner vermittelnden, gewaltfreien Ausrichtung und der gut ausgebildeten Bevölkerung viel besser als fast alle anderen Länder positioniert ist, um zum Frieden in der Welt beizutragen. Vor allem durch Engagement in den Herkunftsländern, aber auch dadurch, dass wir eine begrenzte Zahl von Menschen aufnehmen, die Freiheit, Toleranz und Gewaltlosigkeit leben möchten und sicher auch als Botschafter dafür in ihre Länder zurückwirken. Es gibt nicht viele Länder wie Deutschland, die diese Aufgabe so gut erfüllen, und ich glaube, dass dies ein Beitrag zum Weltfrieden ist, der rechtfertigt, dass Deutschland hier mehr als andere Länder tut, mehr Menschen aufnimmt, und dass wir dafür aber im militärischen Bereich weniger engagiert sind.

Wir hätten die Voraussetzungen, im weltweiten Zusammenspiel der Staaten die „Supermacht der Menschlichkeit" zu werden, und das würde uns auch wirtschaftlich nutzen. Denn Deutschland ist immer gut damit gefahren, das zur jeweiligen Zeit Aktuelle anzupacken: Wir waren führend in Kohle und Stahl, im Maschinenbau, in der Chemie, der Kamera-, Elektro-, Radio/Fernseh- und Computertechnik. Doch das sind alles Bereiche, in denen inzwischen massive Konkurrenz und kleine Gewinnspannen herrschen. Heute wird die westliche Gesellschaft zunehmend zum Erfolgsfaktor und die Technik ist nur ein Werkzeug: „Das Wissen der Welt organisieren", so beschreiben die Google-Gründer ihr Geschäftsziel, und Facebook lebt davon, dass alle in freien Staaten lebenden Menschen keine Angst davor haben müssen, viel voneinander zu wissen.

In einer freien Gesellschaft gibt es keine Einigkeit beim Bau von Kraftwerken, und jede(r) Unternehmer:in weiß, dass 90 Prozent der Mitmenschen die Risiken eines neuen Geschäftsbereichs nicht eingehen würden (selbst gegen den Bau der Tesla-Fabrik gibt's Demonstrationen). Auch bei der Entscheidung, die außergewöhnliche Stärke Deutschlands zu nutzen, was Gewaltlosigkeit, Toleranz und gesellschaftliche Offenheit angeht, wird es keine Einigkeit in unserer Gesellschaft geben.

Solche Wege können nur im gewaltfreien, demokratischen Prozess entschieden werden, und wir sind uns sicher alle einig, dass wir die demokratische Aushandlung mit allen Mitteln verteidigen müssen! Gleichzeitig aber müssen auch diejenigen nach ihren Überzeugungen leben können, die mit Vielfalt, anderen Glaubens- oder Lebensmodellen nichts am Hut haben. Und das ist ganz einfach, wie ich aus eigener Lebenserfahrung berichten kann: Ich bin nämlich vermutlich einer der ganz wenigen „Biodeutschen", die noch nie ein Fußballspiel gesehen und absolut kein Interesse an Fußball haben. Trotzdem habe ich seit meiner Geburt ein wunderschönes Leben in Deutschland und unter meinen Freunden sind einige, die Fußball lieben. Ich denke, wir wissen alle, dass sowas überhaupt kein Problem ist: Man zwingt mich nicht, mit Fußball in Kontakt zu kommen, und ich fange nicht an, darüber herzuziehen, sondern respektiere die Vielzahl an Bedürfnissen und Vorlieben. „Respekt" ist das Mittel, das unsere Gesellschaft auf allen Seiten zusammenhält - man muss sich nicht mit bestimmten Themen, einem bestimmten Glauben oder einer anderen Lebensweise beschäftigen, man muss einfach nur respektvoll sein und kann Distanz halten.

Das sollte doch jede(r) schaffen! Und in diesem Sinne: Niemand muss dieses Buch lesen, man kann auch so respektvoll sein. Aber es ist unglaublich verlockend und bereichernd, wenn man ein breites, offenes Leben führt. Ich glaube tatsächlich, dass man besonders glücklich ist, wenn man sich eine Breite im Leben schafft (und wenn's einem zu viel wird, dann hält man einfach respektvoll Distanz).

Viel Spaß beim Lesen oder beim Zur-Seite-Legen
Reinhard Wiesemann

P.S.: Ein Mensch, den ich sehr schätze, erklärte mir vor Jahren einmal, wie wichtig es ist, dass Polizist:innen schon in Kindergärten gehen, damit Kinder frühzeitig Vertrauen gewinnen. Nun sind viele Neubürger nicht in den Genuss dieses Erlebnisses gekommen, und ich würde mich freuen, wenn sich vielleicht ein(e) Polizist:in meldet, der/die ein Buch über seinen/ihren Lebensweg schreibt, das wir dann an Migrant:innen verteilen können.

Vielleicht wunderst du dich jetzt, warum die Seitenzahlen des Buchs andersherum beginnen.
Diese Geschichte erzählt ein zerstörtes und neu entstandenes Leben. Sie hat deshalb in der Mitte ein Ende und zugleich einen neuen Anfang. Die Seite Null ist also ab Kapital vier.

Dieses Buch beschreibt die Wahrheit.
Die Wahrheit aus meiner Sicht!

101

INHALTSVERZEICHNIS

WARTE WARTE...

Bevor du das Buch liest, hole dir bitte einen Zettel und schreibe
dir auf, was du denkst, was dich in diesem Buch erwarten wird
und welche Wahrheit du aus meiner Sicht erfahren wirst.
Wenn du am Ende mit dem Lesen fertig bist, verglei-
che bitte deine Notizen, die du dir gemacht hast, mit dem
was du von mir, „aus meiner Sicht", gelesen hast.

KAPITEL 1: SYRIEN

Ich bin wie du. Ein ganz normaler Mensch, der Familie und Freunde hat, der ein schönes Haus hat oder vielleicht hatte, und der Bildung hat.

Ich hatte einen ganz normalen Alltag wie Du und viele andere.

Ich kann sehen, fühlen, denken, hören, tasten, und laufen.

Fliegen kann ich nicht. Das kannst du auch nicht.

Mein Leben war 0815 bis 2011. Vielleicht fragst Du dich jetzt warum. Oder du weißt warum, denn du kannst mit Syrien nur Krieg, Tod und Flucht verbinden. Aber bevor ich dir die Lage in Syrien aus meiner Sicht erzähle, empfehle ich dir, über die Geschichte von Syrien zu lesen oder dir ein paar politisch neutrale Dokumentationen anzuschauen, welche Ressourcen Syrien hat und wo Syrien geographisch liegt.

Syrien ist etwa halb so groß wie Deutschland und hatte vor dem Krieg circa 23 Millionen Einwohner. Das Land befand

sich vor 2011 in einer guten Lage. Die meisten Menschen hatten genug Geld, gute Bildung und es gab eine stabile Infrastruktur. Außerdem hatte Syrien gute Kontakte zu anderen Ländern. Mit dem syrischen Pass konnte man fast überall ohne Probleme hinreisen.

Die Schulen und Universitäten sind umsonst. Syrien ist das einzige Land in der ganzen Welt, wo man Medizin auf Arabisch studieren kann. In der Schule wird Englisch und Französisch gelernt. Wir hatten viele Ärztinnen und Ingenieure. In den Städten gab es die sogenannten „Nationalen Krankenhäuser", die die Menschen umsonst behandelt haben.

Darüber hinaus würdest du in Syrien viele archäologische Stätten finden, die mehr als 1.000 Jahre alt sind, und die zu vielen verschiedenen Zivilisationen geführt haben. Deswegen wird Syrien auch „Wiege der Zivilisationen" genannt.

Viele verschiedene Menschen lebten friedlich zusammen, mit unterschiedlichen Kulturen und Glaubensrichtungen, die verschiedene Essgewohnheiten, traditionelle Kleidung und Musikarten hatten.

In Syrien gibt es 14 verschiedene Großstädte, jede einzelne Stadt hat ihren eigenen Dialekt.

(Aleppo, Damaskus, Homs, Hama, Latakia, Idlib, Tartus, Al-Hasaka, Deir ez-Zor, As-Suwaida, Qamishli, Quneitra, Daraa und meine Heimatstadt Rakka.)

Noch dazu war Syrien eines der sichersten Länder der Welt.

Jetzt fragst du dich bestimmt, warum so viele Menschen Syrien verlassen haben bzw. verlassen mussten, wenn doch alles Paletti war!!

Das Hauptproblem in Syrien war, dass die Menschen dort keine richtige Freiheit und Demokratie hatten, wie wir es hier in Europa kennen.

Die Menschen waren satt, hatten genug Geld und Eigentum etc., aber sie wurden direkt verhaftet, wenn sie etwas gegen die Regierung äußerten bzw. die Politik der Regierung kritisierten. Demonstrationen waren zwar gesetzlich erlaubt, aber tatsächlich durfte man nicht demonstrieren. Es gab viel Korruption im System, sodass man ohne Vitamin B meistens nicht weiterkommen konnte.

Man wusste, wer die Wahlen gewinnt, bevor man wählen ging.

Medien, Strom, Internet, Ressourcen, Bildung, Justiz, Parlament, Polizei, Militär, Serien, Filme, Handeln, Landwirtschaft etc. war alles in der Hand einer Person. Eine Person allein konnte in Syrien gesetzlich alles innerhalb von einer Minute ändern. Liebe zur Heimat war mit dem Präsidenten und seinem System verbunden, Also wer sich politisch der Regierung verweigerte, landete für 20-30 Jahre als

„Hochverräter der Heimat" im Gefängnis.

Das war eine kurze Zusammenfassung, wie die Lage in Syrien aus meiner Sicht war. Viele Menschen hatten sich daran gewöhnt und haben ihr Leben, wie es war, akzeptiert. „Wir haben genug Geld, die Kinder gehen zur Schule, wir arbeiten und leben in Sicherheit, rede bitte nicht über Politik. Die Wände haben Ohren!" So haben die meisten in Syrien gedacht und sie hatten sich damit arrangiert.

2011 jedoch hat sich alles in Syrien bzw. im arabischen Raum geändert.

Anfang des Jahres erfasst eine breite Protestwelle, die als „Arabischer Frühling" bezeichnet wurde, den Nahen Osten. In fast allen Ländern der Region kam es zu Demonstrationen, die sich in einigen Staaten zu breiten Protestbewegungen gegen die jeweiligen Regime ausweiteten und die sich gegen die autoritär herrschenden Präsidenten in Tunesien, Ägypten, Libyen und im Jemen und schließlich in Syrien richteten. Alle arabischen Länder hatten fast das gleiche Problem wie Syrien: Herrscher, die ihre Länder ausgebeutet haben und mit Gewalt ihre Macht durchgesetzt haben. Einen Monat nach dem anderen wurden die Präsidenten und ihre Systeme in Tunesien, Ägypten, Libyen und im Jemen gestürzt - außer in Syrien.

Ausgelöst wurde das in Tunesien, als eine Person sich verbrannt hat. Aber wie kam es dazu, dass auch andere arabische Völker auf einmal gegen ihre Herrscher demonstrierten? Diese Demonstranten trugen Plakate, die Demokratie forderten, eine tiefgreifende Veränderung im System, Gleichheit und politische Freiheit.

Die meisten dieser Präsidenten waren damals beim Militär und kamen durch Putsch an die Macht. Sie haben die Wahlen jedes Mal mit 99.999999% der Stimmen gewonnen. 2011 war der Wendepunkt in diesen Gebieten. In Libyen und im Jemen war die Situation etwas anders, deshalb leiden sie immer noch unter dem Krieg, obwohl sie die Präsidenten gestürzt haben. Das ist auch eine lange Geschichte, aber das Problem und die beteiligten Länder sind immer die gleichen.

Zurück zum Thema:

Diese Gedanken von Demokratie, Systemveränderung, Gleichheit und politischer Freiheit haben auch Syrien erreicht. Der Auslöser war im März 2011, glaube ich, als ein paar Jugendliche in der Stadt Daraa an einer Wand auf der Straße etwas gegen die Regierung geschrieben haben. Diese Jugendlichen wurden vom Geheimdienst verhaftet, geschlagen und ihre Fingernägel wurden mit einer Zange gezogen. Danach gab es Stadt für Stadt Demonstrationen, die

wortwörtlich nur Freiheit und Veränderung forderten. Die Menschen, die demonstriert haben, wurden am Anfang verhaftet, geschlagen, gefoltert und auch getötet.

Es gibt in Syrien viele verschiedene Abteilungen von Geheimdiensten, die alle Arten von Macht haben, wie zum Beispiel die Schießerlaubnis, im Gegensatz zu der „normalen" Polizei, die in Syrien nicht schießen darf. Die Geheimdienste sind oft gewalttätig gegen die Demonstranten vorgegangen. Also Menschen wurden getötet, nur weil sie eine Veränderung im System und eine wahre Demokratie haben wollten.

Gleichzeitig gab es auch andere Syrer, die für die Regierung waren und diese Demonstrationen nicht gut fanden. Sie konnten nicht nachvollziehen, dass Leute auf die Straße gehen und sich trauen öffentlich zu protestieren. Sie gingen auch auf die Straßen und meinten, dass Assad der beste Präsident der Welt sei und er für immer an der Macht bleiben solle.

Also es gab am Anfang keinen Bürgerkrieg!, wie die Medien bis jetzt immer noch berichten. Die syrische Gesellschaft hatte sich in pro und contra Regierung gespalten.

Auch unter Familien gab es dieses Problem. Die Leute haben sich gegenseitig nur gefragt, ob man dafür oder dagegen ist, und dann haben sie diskutiert.

Niemand aber hätte gedacht, dass die Situation sich so schlimm entwickeln würde. Es gab am Anfang nicht die

Frage, ob man Sunnit oder Schiit, ob man Araber oder Kurde ist, ob Muslim oder Christ.

Ich lese immer in den Medien „Bürgerkrieg" in Syrien. Es ist kein Bürgerkrieg. Es wurde zu einem Bürgerkrieg gemacht, damit dieser Krieg nie endet und das Land weiter ausgebeutet werden kann.

Die Situation wurde immer schlimmer und schlimmer, sodass immer mehr Menschen bei den Demonstrationen erschossen und verhaftet wurden. Das hat dazu geführt, dass Soldaten und Offiziere sich von der Regierung öffentlich trennten und sich gegen die Regierung stellten. Das war am Anfang sehr außergewöhnlich, denn wer sich als Beamter gegen die Regierung stellte, wurde als „Hochverräter der Heimat" bezeichnet und sollte getötet werden. Diese Leute haben dann die sogenannte „Syrische Freie Armee" gegründet. Diese vertrat die oppositionelle Position und hat dann mit Waffen gekämpft, um Assad zu stürzen. Die „Syrische Freie Armee" wurde von vielen gefeiert aber auch von vielen gehasst. Das Land hat sich komplett gespalten. Zwei verschiedene Armeen, zwei verschiedene Flaggen und zwei verschiedene Systeme und Denkweisen. Die „Syrische Freie Armee" wurde mit Waffen und Geld von der Türkei, Saudi-Arabien, Katar, Emirat, den USA und vielen weiteren Ländern unterstützt.

All diese Länder meinten, dass Assad ein Mörder sei und weg soll, was auch stimmt.

Ende 2011 hat langsam der Krieg angefangen. Es gab einen direkten Kampf zwischen der eigentlichen syrischen Armee, die von Assad geführt wird, und der „Syrischen Freien Armee". Für Assad waren das Terroristen, die getötet werden sollten. Der Krieg war zunächst nur in den Städten, wo grausame Flugzeug- und Raketenangriffe stattfanden, aber noch nicht in ganz Syrien. Es gab zunächst viele Binnenflüchtlinge, viele Häuser wurden zerstört und viele unschuldige Menschen wurden getötet. Bis dahin ging es immer noch ausschließlich um die Frage, ob man für die Regierung oder gegen die Regierung ist. 2013 hatte dann die „Syrische Freie Armee" mehr als 50 Prozent von Syrien unter ihrer Kontrolle. Das Regime stand am Abgrund. Alle dachten, dass es schon zu Ende sei. Das Hauptziel war aber Damaskus, denn wenn die Regierung Damaskus verliert, ist ihre Niederlage besiegelt. Außerhalb von Damaskus war alles in der Hand der „Syrischen Freien Armee". 2013 gab es einen Angriff in der Nähe von Damaskus mit chemischen Waffen. Mehr als 1.000 Menschen, darunter viele Kinder und Frauen sind in einer Nacht gestorben.

Es gab direkt danach eine Versammlung im UN-Sicherheitsrat, um sich in Syrien militärisch einzumischen und Assad zu

stürzen. Aber das wurde und wird immer noch abgelehnt, da Russland und China ihr Veto einlegten.

Der Krieg ging weiter und wurde immer schlimmer. Es gab dann auch nicht mehr viele Binnenflüchtlinge, weil ganz Syrien nicht mehr sicher war. Die Menschen sind dann in großen Mengen in die Nachbarländer geflüchtet. (Türkei, Libanon, Irak und Jordanien).

2014 tauchte der IS plötzlich in Rakka auf. Diese IS-Männer waren fast alle Ausländer und hatten eine ganz andere Ideologie als die Syrer sie hatten. Die Syrer wollten entweder Assad stürzen oder Assad behalten. Der IS aber wollte den sogenannten „Islamischen Staat" gründen.

Außerdem war es aus meiner Sicht wichtig für Länder wie USA und Russland, dass der IS sich in solchen Regionen befindet. Wir kennen alle diesen Satz: „Wir kämpfen gegen den Terror". Diese Länder brauchten den Terror, damit sie Länder wie Syrien ausbeuten konnten.

2014 war der Wendepunkt für Syrien und für die Syrer!

Ich sage dir erst einmal, was der IS gemacht hat und warum 2014 wegen des IS der Wendepunkt für Syrien bzw. für die syrischen Revolutionäre war. 2014 hat der IS im Namen des Islam gegen die Regierung, gegen die Rebellen und zuletzt offiziell gegen die Kurden in Syrien agiert.

Ich habe diese Leute mit meinen eigenen Augen gesehen.

Sie sind das Schlimmste, was Syrien je passierte. Die meisten waren Ausländer, sie kamen aus der ganzen Welt, trugen einen langen Bart und einen Bombengürtel. Sie kamen nach Syrien, nur um zu sterben, weil sie glaubten, dass sie dann ins Paradies kämen. Diese Leute haben mit dem Islam nichts zu tun, denn sie haben nur Muslime getötet und gefoltert. Sie kannten keine Gnade, sie haben nur getötet und Menschen enthauptet. Mit denen konnte man nicht diskutieren oder verhandeln, denn jedes Nein hieß für sie, ihr Gegenüber konnte umgebracht werden. Alle Frauen mussten Burka tragen, Musik und Rauchen waren verboten. Es gab noch viele andere Regeln, weswegen noch weitere Leute umgebracht wurden, nur weil sie sich nicht daran hielten.

Wegen dieser Leute denken viele Leute hier in Europa, dass der IS macht, was der Islam fordert und nicht, dass der IS Terroristen sind, die von Großländern mit Waffen und Geld beliefert werden und im Namen des Islam kämpfen. Der IS hat sich dann in Syrien und im Irak vergrößert, sodass er eine große Macht hatte und alle Gruppen Angst vor den IS-Männern hatten.

Die Welt hat den innersyrischen Konflikt vergessen und sich auf den IS konzentriert. In den Medien sprach man kaum noch von Revolution, Assad, Flüchtlingen und davon, was eigentlich das Hauptproblem in Syrien ist.

Alle Großländer haben sich bereit gemacht, sich offiziell in Syrien einzumischen und den IS zu bekämpfen. Also sie haben gewartet, bis der IS eine große Macht wird, um sie dann anzugreifen.

Amerika, Russland, Iran, Türkei, Saudi Arabia, Emirat, Katar, Frankreich, Großbritannien und Israel; Alle diese Länder haben sich eine Gruppe in Syrien ausgesucht und sie mit Waffen, Geld oder Soldaten beliefert.

Russland und Iran haben sich für Assad entschieden und haben ihn mit Waffen, Geld und Soldaten unterstützt. Assads Feinde waren auch Putins Feinde. Es gab täglich Flugzeuganschläge auf syrische Städte.

Iran hat seine Soldaten nach Syrien geschickt, wobei viele von ihnen aus Afghanistan stammten. Viele Afghanen bekommen leider keine Papiere im Iran und leiden darunter. Iran schickt afghanische junge Männern nach Syrien, die in Syrien kämpfen. Im Gegenzug erhalten die Familien dieser Männer dann gültige Papiere im Iran. Das könnt ihr überprüfen und googlen.

Die Türkei hat sich von Anfang an für die Rebellen entschieden, wobei sie gleichzeitig mit Russland und dem Iran gut befreundet ist. Also die Türkei unterstützt die Rebellen gegen Assads Regierung, die wiederum von Russland und Iran direkt unterstützt wird. Gleichzeitig sitzen all diese Länder an

einem Tisch zusammen und reden über die Lage in Syrien.
Diese Logik kann keiner verstehen.

Die Golfländer, besonders Saudi-Arabien, haben am Anfang
die Rebellen unterstützt und meinten, dass Assad abgesetzt
werden müsse. Mit der Zeit hatten sie jedoch zunehmend
Konflikte mit der Türkei wegen der Vorfälle in Ägypten und
wegen des Mordes an dem saudischen Journalisten „Kashog-
gi". Deshalb hörten sie auf, die Rebellen zu unterstützen und
schlecht über Assad zu reden, da Assad der Feind von Erdo-
gan ist. Die USA entschieden sich für die Kurden, bzw. die
bewaffneten kurdischsprachigen Gruppen, die sich in Syrien
später vermehrt haben und eine eigene Armee, Abkürzung
(SDF) gegründet haben.

Bevor ich weitererzähle, betone ich, dass ich zwischen den
Kurden als Menschen, Sprache und Kultur und den bewaffneten Gruppen, die meinten, dass sie die Kurden als Volk ver-
treten, unterscheide.

Egal ob Araber, Kurde, Druse, Muslim oder Christ, wir alle
haben das Recht als Syrer in Syrien zu leben, wobei einige
sich inzwischen nicht mehr als Syrer bezeichnen wollen und
sich von Syrien trennen wollen.

Doch zurück zum Thema:

Alle diese Gruppen haben gegen den IS gekämpft und den IS

militärisch besiegt. Syrien wurde danach langsam geteilt und die Lage dort wurde zum Bürgerkrieg erklärt und als solcher benannt. Deshalb hat sich die Lage jetzt im Vergleich zu 2014 und 2015 ein bisschen beruhigt, da die Großländer sich auf die Gebiete geeinigt haben und alles unter sich klären. Also die Syrer haben nicht mehr das Sagen in Syrien. Man spricht jetzt nur von Arabern, Kurden, Sunniten und Schiiten, obwohl das ursprünglich nicht das Hauptproblem war. Im Nordwesten und Norden sind jetzt die Rebellen, die von der Türkei unterstützt werden.

Ein Hinweis: Die Rebellen werden von manchen Medien nicht mehr als Rebellen gesehen, sondern als „Islamisten".

Der Südwesten, die Küste und die Mitte von Syrien sind in der Hand der Regierung bzw. Russlands und des Iran.

Im Nordosten sind die sogenannten „Demokratischen Kräfte Syriens" (SDF) aktiv, die von den bewaffneten, kurdischsprachigen Leadern geführt werden und direkt von der USA unterstützt und geschützt werden.

Frankreich und Großbritannien haben ihre eigenen Stationen in Syrien. Natürlich nur da, wo sich Ressourcen befinden und nicht um Menschen zu beschützen.

Also Syrien ist momentan in drei Hauptgebiete aufgeteilt. Drei verschiedene Gruppen, viele verschiedene Flaggen und drei verschiedene Ideologien, die in Syrien regieren wollen.

Daher wird sich die Lage in Syrien nie lösen. Die Syrer haben nicht mehr das Sagen in ihrem eigenen Land und müssen sich entscheiden, wo sie leben sollen, falls sie dort überhaupt leben können.

Zusammengefasst:

Der größte Verlierer ist das syrische Volk.

Millionen Flüchtlinge, die ihren Wohnort mehr als 20-mal ändern mussten.

Mehr als eine Million Menschen haben Körperteile verloren, Beine, Arme oder Augen. Es gibt viele Waisenkinder, die ihre Eltern oder ihre ganze Familie im Krieg verloren haben. Eine ganze Generation ist durch den Krieg kaputtgegangen. Viele sind durch normale Krankheiten gestorben, denn es gab keine ausreichenden Medikamente.

Viele sind durch Hunger und Armut gestorben, denn es gab nicht mehr genügend Essen, das für eine normale Familie ausgereicht hätte.

Niemand wollte das Land verlassen, deswegen flüchteten die Menschen erst im Inland, bis der Krieg zu ihrer Haustür kam.

Kein Mensch verlässt seine Heimat freiwillig.

Ich habe versucht die Lage in Syrien so kurz wie möglich zusammenzufassen. Die Lage dort ist sehr komplex und kann nicht auf ein paar Seiten beschrieben und erklärt werden.

Falls ihr dazu Näheres wissen möchtet, könnt ihr euch gerne an mich wenden.

Als 2013 alles anfing, war ich 15 Jahre alt. Ich hatte Träume, die jeder normaler Mensch haben könnte. Nach diesem Datum wurden meine Träume und die Träume vieler Syrer zu Albträumen - allerdings nicht beim Schlafen, sondern in der Realität, in unserem Alltag und in uns selbst.

Jeder Mensch, der Krieg erlebt hat, weiß, wie schrecklich ein Krieg sein kann.

Ich weiß, wir sind nicht das einzige Volk, das Krieg erlebt hat, aber in Syrien war es ganz anders. Der Krieg in Syrien ist wie ein Krimi, dessen Kapitel nicht enden wollen. Die ganze Welt kämpft gerade in Syrien und niemand hat recht, solange unschuldige Menschen durch Bomben, Flugzeuganschläge, Raketen, Gas und Schusswaffen sterben.

Es starben und sterben immer noch tausende von Menschen. Du siehst es in den Nachrichten. Du hörst von allen Seiten dieselbe Ausrede: „Wir kämpfen gegen Terror. Wir kämpfen für Syrien". Alle diese Gruppen haben jeden Tag gekämpft, haben jeden Tag Häuser zerstört, Menschen umgebracht und entführt.

Da ich Syrer bin, habe ich auch meine eigene Geschichte, wie alle anderen Syrer, die unter dem Krieg leiden mussten.

Mein Vater war ein General bei der Polizei (bei der normalen Polizei, die es in jedem Land gibt, nicht bei der Geheimpolizei). Es ist ein ganz normaler Beruf in dieser Welt, aber nicht im Krieg.

Als Polizist darf man in Syrien nicht in seiner eigenen Stadt wohnen, sondern man muss fast alle zwei Jahre in eine andere Stadt umziehen. Das ist so üblich. Also wir haben fast überall in Syrien gelebt. Ich habe Freunde in jeder Stadt und kenne ihre Traditionen, Kultur und ihren Dialekt, denn jede Stadt in Syrien hat ihre eigene Kultur. Also ich kenne Syrien ganz gut, weil ich fast überall einmal gewohnt habe.

Der Krieg begann, aber wie gesagt, niemand hat damit gerechnet, dass die Lage so schlimm werden würde.

Es kam der Tag, an dem wir auch dran waren und die Gefahr von allen Seiten zu spüren bekamen. Mein Onkel, der Bruder meines Vaters, wurde von den Rebellen entführt und wir wurden bedroht. Sie forderten, dass mein Vater seinen Job aufgibt und sich damit gegen die Regierung stellt. Anderenfalls würden sie ihn, seinen Bruder und seine Familie umbringen. Gleichzeitig konnte mein Vater seinen Job aber nicht einfach so verlassen, denn auch die Regierung würde ihn töten, wenn sie das erfährt. Er würde als „Hochverräter der Heimat" bezeichnet werden und Hochverräter wurden getötet.

Wir waren somit in einer tödlichen Zwickmühle und wussten nicht, was wir machen sollten, denn wir wollten nicht kämpfen - lieber umgebracht werden als jemanden umbringen. Aber das erste Ziel war, dass mein Onkel gerettet wird. Mein Onkel hat viele Kinder, die ohne Mutter aufgewachsen sind, denn sie ist früh gestorben. Wenn sie ihn verlieren, müssten sie komplett ohne Eltern leben. Gleichzeitig war aber auch unser Leben in Gefahr. Jeder von uns könnte von beiden Seiten entführt oder umgebracht werden.

Parallel gab es überall Demonstrationen, Krieg, Konflikte, keine Sicherheit, keinen Strom und immer wieder Anschläge. Die Welt war auf einmal eng geworden. Haus und Geld, unser Besitz, die Schule, bis hin zu Essen und Trinken, es war uns alles egal. Hauptsache niemand von uns stirbt. Deshalb mussten wir leider das Land verlassen. Das war unser einziger Ausweg. Dann wäre die Forderung der Rebellen erfüllt und wir wären vor der Verfolgung durch die Regierung geschützt. Es klingt vielleicht einfach, aber das war es nicht, denn auch innerhalb Syriens gab es Grenzen und auf dem Weg Kontrollen. Die Flucht musste wie ein Familienausflug aussehen.

Meine Mutter, einige Geschwister und ich sind also von Rakka nach Damaskus gefahren, wo mein Vater zu dieser Zeit für den nationalen Verkehr zuständig war. Er hatte mit dem

Kriegsgeschehen nichts zu tun. Dennoch war das Leben und Arbeiten für ihn gefährlich, da es dort, wo er arbeitete und schlief, viele Bombenangriffe gab. Deswegen mussten wir im Hotel schlafen, wo es ein bisschen sicherer sein sollte. Gleichzeitig mussten wir auch zeigen, dass wir nur zu Besuch kamen und nicht, um mit meinem Vater für immer abzuhauen. Ich war vorher nicht so oft in Damaskus, aber auf einmal liebte ich diese Stadt unendlich. Wir waren viel in der Stadt unterwegs, deswegen hatte ich die Chance, sie mir richtig anzuschauen und auf einmal hatte ich das Gefühl, dass ich diese Stadt nie wieder in meinem Leben sehen würde. Dieses Gefühl war sehr stark und traurig. Ich konnte das kaum ertragen, aber es gab keine andere Wahl. Wir mussten einfach fort von hier und nicht nur von hier, sondern aus ganz Syrien. Gleichzeitig war die Situation in Damaskus sehr grausam. Man konnte in jeder Minute überall Bomben außerhalb der Stadt hören. In jeder Minute starben Menschen. UNSCHULDIGE MENSCHEN, die nichts mit diesem schrecklichen Krieg zu tun hatten.

Wir warteten und warteten und viele andere warteten mit uns, um etwas Neues von meinem Onkel zu hören.
Mein Vater und wir alle machten uns große Sorgen um ihn. Schließlich könnte er in jeder Minute umgebracht werden,

deswegen haben wir uns am Donnerstag, den 31.01.2013 endgültig entschieden, Damaskus zu verlassen und mit dem Bus nach Rakka zu fahren, mit dem Ziel, dass mein Vater Syrien auf möglichst sicherem Wege verlassen konnte.

Mein Vater sagte seinem Assistenten, dass er Urlaub beantragt habe und mit uns fahren würde, bis die Zusage von seinem Chef käme. Wenn der Urlaub genehmigt würde, würde er bei der Familie bleiben, falls nicht, würde er zurückkommen – was natürlich gelogen war. Wenn er die Wahrheit gesagt hätte, wären wir alle verhaftet und vielleicht umgebracht worden.

Wir sind mit dem Bus weggefahren wie normale Syrer, die in eine andere Stadt fahren wollten. Mein Vater hatte zwei Ausweise, einen bürgerlichen und einen militärischen. Mein Vater musste seinen militärischen Ausweis verstecken und nur den bürgerlichen unterwegs vorzeigen. Es war auch sehr gefährlich wegen der Sicherheitsbarrieren, die von der Regierung und den Rebellen aufgestellt wurden. Wir konnten niemandem vertrauen. Wir haben viel gebetet, dass wir sicher ankommen. Unterwegs hat der Busfahrer ein Lied von „Fayrouz" angemacht, das ich nie in meinem Leben vergessen werde. „Fayrouz" ist eine sehr bekannte Sängerin, die im arabischen Raum sehr beliebt war. Das Lied heißt „Regeat Alschatoia", auf Deutsch: „Der Winter ist zurückgekommen".

Wenn ich jetzt das Lied anhöre, erinnere ich mich direkt an diesen Tag.

Zum Glück sind wir sicher in Rakka angekommen. Wir sind direkt nach Hause gefahren, wo wir die restliche Familie getroffen haben. Alle hatten sich große Sorgen um uns gemacht. An diesem Tag haben wir alle unsere Koffer gepackt und uns von unserem Haus verabschiedet.

Wir alle waren verzweifelt – wie innerlich zerbrochen. Wir hatten das Gefühl, dass wir nie wieder zurückkommen werden. Wir waren von allen verfolgt, obwohl wir gar nichts Unrechtes getan hatten.

Am nächsten Morgen um sechs Uhr früh mussten wir losfahren. Da waren unsere Nachbaren auch wach. Sie sahen uns, sahen meinen Vater und wunderten sich, weil sie wussten, dass mein Vater eigentlich in Damaskus sein sollte, aber sie haben direkt gemerkt, dass irgendetwas Falsches läuft und dass es mit meinem Onkel zu tun haben musste. An diesem Tag hatte mein Vater seinen Anzug nicht an, wie sonst immer, denn er hatte sich verkleidet, damit ihn niemand erkennt, aber die Nachbarn haben ihn dennoch erkannt. Unsere Nachbarinnen fingen an zu weinen, dann folgten sie meiner Mutter. Wir Männer haben auch geweint aber innerlich, im Herzen. Im Herzen waren unendlich starke Schmerzen, die uns fertigmachten.

Das habe ich mich früher schon gefragt und frage es mich jetzt gerade beim Schreiben, und ich werde mich immer weiter fragen: „Wie soll ein normaler Mensch das ertragen?"
Mein Vater hat gar nicht bei dem Krieg mitgemacht und wollte das auch gar nicht. Egal auf wessen Seite. Mörder ist Mörder. Man kann Mord gar nicht rechtfertigen.

Mein Vater sollte nun eigentlich direkt in die Türkei fahren, aber er wollte unbedingt noch zu seinem Dorf fahren, wo er aufgewachsen ist, um ein letztes Mal seine Mutter zu sehen, also meine Oma, die leider später starb. Vielleicht würde er sie nie wiedersehen. Das war einer der schlimmsten Momente in meinen Leben. Als wir im Dorf ankamen, waren viele Menschen da, die uns sahen. Mein Vater und wir kamen früher immer normal mit dem Auto, um alle Menschen zu besuchen, aber jetzt war alles total anders. Alle weinten. Alle machten sich Sorgen um meinen Onkel und meinen Vater. Meine Oma hat sehr geweint. Mein Vater hat sie innig umarmt, da er sie vielleicht nie wiedersehen würde.
Innerhalb von gerade einmal 15 Minuten musste mein Vater losfahren, bevor irgendjemand von den falschen Leuten merkt, dass er gerade im Dorf ist, sodass er dann womöglich auch entführt würde. Alle meine Geschwister und ich haben meinen Vater verabschiedet. Ich war den Tränen nahe.

Ich konnte einfach nicht glauben, was da gerade mit uns passierte.

Mein Vater erreichte die Türkei in fast vier Stunden, da er zum Glück nicht erkannt wurde und die Grenzen noch für alle Flüchtlinge offen waren. Rakka liegt im Norden von Syrien, deswegen war es sehr nah zur türkischen Grenze.

Zum Glück war mein Vater jetzt in Sicherheit aber mein Onkel immer noch nicht. Wir haben viele Gerüchte gehört, dass mein Onkel tot sei. Wir wussten weder, wo er ist, noch wer ihn entführt hatte. Es war eine schreckliche Situation. Jeden Tag haben wir gewartet und gewartet, aber er kam nicht. Wir hatten alles geopfert, unser ganzes Eigentum war weg. Auf einmal waren wir arm und hatten kaum noch Geld. Dann hat auch die Regierung angefangen uns zu suchen, denn wir waren ja auch auf einmal weg. Auch meine Freunde haben sich gefragt, wo ich bin, denn unser Haus war leer. Nicht nur unser Haus war leer, unsere Herzen ebenso.

Aber das alles war uns egal. Hauptsache mein Onkel käme endlich gesund zurück, aber er kam nicht.

Wo war er überhaupt? Wir sind im Dorf geblieben, denn wir wollten warten, bis meinen Onkel kommt. Nach 15 endlosen Tagen hielt ein Auto vor dem Haus meines Onkels. Ein alter Mann stand plötzlich alleine da. Er war müde, seine Haare, sein Schnurrbart und Bart waren komplett weiß. Es war mein

Onkel, alle waren sprachlos. Alle haben angefangen zu weinen und zu schreien: „Er ist wieder da", „Er ist wieder zurück!"

Und so war der erste Albtraum zu Ende, nachdem er uns alle fertig gemacht hatte. Zum Glück ist niemand gestorben, außer die Freude in uns selbst.

Wir alle, meine Mutter und Geschwister zogen nun zu meinem Baba um. Wir haben dort in der Türkei eine Wohnung gemietet und dachten, alles werde in paar Monaten vorbei sein und dann kehren wir alle nach Syrien zurück. So war der Plan. Aber es sollte anders kommen. Das Leben wurde immer schwerer und schwerer, denn bald hatten wir kein Geld mehr um uns zu ernähren und die Miete zu zahlen. Deshalb entschieden wir uns, in dem Flüchtlingsheim in der Stadt, wo wir in der Türkei waren, zu wohnen. Wir gingen dorthin und wollten erst mal schauen, wie das Leben da aussieht. Katastrophal sah das Leben da aus. Tausende von Menschen, die davor in ihren eigenen Häusern gewohnt

hatten, lebten in Zelten unter Hitze und Kälte eng zusammengepfercht. Das war für uns unerträglich. Das wollten wir gar nicht. Egal was passiert, hier werden wir nie wohnen.

Deswegen entschieden wir uns zu arbeiten und Geld zu verdienen, obwohl wir nie in unserem Leben gearbeitet hatten

und wir gar nicht wussten, was wir eigentlich arbeiten könnten, besonders ich nicht. Ich war 15 und bin immer zur Schule gegangen. Ich hatte nur einen Stift zum Schreiben in meinen Händen gehabt, mehr nicht.

Nach ein paar Tagen habe ich eine Arbeit als Träger an der Internationalen Tür zwischen Syrien und der Türkei gefunden. Ich musste Waren von einem LKW zum anderen tragen. Es war richtig schwer und hart. Mein Körper konnte das alles nicht so einfach ertragen, denn ich war zu dieser Zeit noch ein Kind. Aber das war es mir egal. Hauptsache meiner Familie würde geholfen und wir könnten die Miete zahlen, bis wir hoffentlich bald nach Syrien zurückkehren könnten. Ich habe die ersten zwei Tage ein bisschen Geld damit verdient, womit wir die Miete aber auf keinen Fall zahlen konnten. Es haben ungefähr 600 Träger da gearbeitet.

Einmal wurde ein Mann von einem türkischen Zöllner erwischt, wie er von der syrischen Seite kam und Zigaretten dabei hatte, die er in der Türkei verkaufen wollte. Er wurde vor meinen Augen ganz hart geschlagen, bis seine Kleidung zerriss. Die Arbeiter konnten diesen Anblick nicht ertragen, deshalb haben sie angefangen, die türkischen Zöllner mit Steinen zu bewerfen. Die türkische Polizei hat versucht das

zu verhindern, aber gegen 600 Arbeiter ging das nicht. Auf einmal hörte ich scharfe Schüsse. Ich wusste nicht von wem, aber es waren richtig viele. Das Einzige was ich wollte, war, so schnell wie möglich nach Hause zu kommen, denn ich war genau mitten drin. Später kam die türkische Armee und konnte die Auseinandersetzung stoppen. Zu dieser Zeit war ich zum Glück schon zuhause. Nachher erfuhr ich, dass dabei vier Syrer getötet worden waren und ein türkischer Polizist ums Leben gekommen war. Ich dachte, der Albtraum wäre zu Ende, war er aber nicht. Die Türken dort waren sehr wütend wegen dieser Sache und empfanden in diesem Moment großen Hass gegenüber den Syrern. Viele Syrer wurden auf der Straße einfach angegriffen, obwohl sie damit nichts zu tun hatten. Autos und Läden von Syrern wurden verbrannt und kaputt gemacht. Auch das Flüchtlingsheim wurde angegriffen. Dies ging zwei Tage lang so.

Ich fühlte mich schrecklich. Ich konnte die türkische Sprache nicht und hatte dort keinen Freund. Nach einem Monat war zwar alles wieder ruhig aber ich wollte nicht mehr dableiben. Wir wurden als unterlegene Menschen angesehen und behandelt wie Menschen vierter Klasse. Deswegen sagte ich meinem Vater, dass ich nach Syrien zurückkehren möchte: „Egal was mit mir passiert, ich will hier in der Türkei nicht mehr bleiben."

Außerdem war meine Abschlussprüfung nach Klasse Neun bald. In Syrien ist der Realschulabschluss am Ende der neunten Klasse und nicht in der zehnten wie hier in Deutschland. Ich wollte die Prüfung auf keinen Fall versäumen, denn sie ist wichtig, um die Schule später fortsetzen zu können, denn ich wollte Abitur machen und studieren. Meine Heimatstadt Rakka wurde in dieser Zeit nicht mehr von der Regierung kontrolliert, sondern von den Rebellen, die auch zentrale Prüfungen mit einem Abschluss angeboten haben, die zwar womöglich nicht anerkannt werden würden, aber das war mir in dem Moment egal.

Ich war durcheinander und wusste nicht, was ich machen sollte. Also bin ich trotzdem nach Rakka gereist. Von den Rebellen fühlte ich mich nicht persönlich bedroht. Die Situation war dennoch sehr gruselig da. Es gab viele Fremde in der Stadt, deswegen bin ich nicht zu unserem Haus gegangen, denn wir besaßen noch eine große Wohnung in einem anderen Stadtteil. Ich sagte mir, ich bleibe solange dort, bis ich mit der Prüfung fertig bin. Es wird schon irgendwie gehen.
Gleichzeitig war aber die Regierung sehr sauer, dass sie die Stadt Rakka an die Rebellen verloren hatte, deshalb wurde die Stadt fast jeden Tag durch Flugzeuganschläge angegriffen. Es gab also keine Sicherheit.

73

Viele Menschen sind dabei gestorben.

Der Tag der Prüfung war eine Katastrophe: Es gab einen Helikopter, der Bomben auf uns geworfen hat, deshalb mussten wir die Prüfung im Keller der Schule schreiben. Obwohl ich davon überzeugt war, dass dieser Abschluss nicht anerkannt werden wird, denn die Rebellen konnten nur kämpfen und hatten zu dieser Zeit nichts mit Politik, Bildung, Umwelt usw. zu tun, hatte ich doch irgendwie das Gefühl, ein Ziel zu erreichen. Ich konnte zwar in jedem Moment sterben, aber das war mir egal. Egal was passieren würde, es war mein Hauptziel diese Prüfung zu bestehen und dann abzuhauen.

Zum Glück bin ich nicht ums Leben gekommen aber andere doch, obwohl wir in derselben Stadt lebten, aber sie waren zur falschen Zeit am falschen Ort. Kurz darauf musste ich Rakka dann verlassen, weil ich den Himmel-Stau an Flugzeugen und deren Bomben nicht mehr ertragen konnte. Nicht nur das, sondern es gab inzwischen auch viele unterschiedliche bewaffnete Gruppen, die verschieden Namen hatten, die die Stadt regierten. Es wurde immer unübersichtlicher. Man konnte in jeder Ecke der Stadt Waffen sehen.

Tut mir leid, aber es war wirklich zum Kotzen.

Zurück zur Türkei wollte ich aber nicht!

Meine Familie hatte kein Geld. Ich hatte kein Glück. Mein Leben wurde enger.

Tal Abyad ist eine kleine Stadt, die unmittelbar an die Türkei grenzt, deswegen gab es dort zum Glück (noch) keine Luftangriffe. Der Himmel gab uns in Tal Abyad nur Regen und keine Angriffe.

Aber es war das gleiche wie in Rakka: Es gab auch dort unterschiedliche bewaffnete Gruppen, die diese kleine Stadt regierten, die sich Rebellen nannten.

In Tal Abyad lebten Verwandte von mir, die mir halfen ein Dach über dem Kopf zu finden. Gewohnt habe ich in einem Raum in einem privaten Krankhaus. Ich habe dann in einem anderen Krankenhaus einen Job in der Blutbank angenommen, obwohl ich keine Ahnung davon hatte und ich verdiente sehr wenig Geld. Aber besser als nichts.

Innerhalb einer Woche lernte ich die nötigsten Handgriffe. Diese Arbeit war schrecklich. Nicht weil sie körperlich schwer war, sondern deswegen, weil ich auch in einem Krankenhaus wohnen musste. Was denkt ihr, was man da alles mit ansehen musste, wenn man mit 15 Jahren alleine in dem einen Krankenhaus arbeitet und in einem anderen lebt.

Ich erzähle euch davon:

Der Leichenkühlschrank war direkt Wand an Wand neben mir. Fast jeden Menschen, der in dieser kleinen Stadt starb,

musste ich sehen, denn sie wurden vor meinen Augen gebracht. Noch schlimmer war, dass ich diese Leichen riechen musste, denn wir hatten nicht ständig 24 Stunden Strom, deswegen wurden die Leichen oft nach draußen, neben die Tür der Blutbank gelegt, bis sie begraben wurden. Draußen war es natürlich kühler als in einem Leichenkühlschrank ohne Strom.

Meine Freizeit verbrachte ich oft im Ambulanzflur des Krankenhauses, in dem ich lebte. Dort konnte man sich ganz gut aufhalten und chillen. Nur war das mit dem „Chillen" so eine Sache:

Einmal fuhr ein schnelles Auto vor. Ein Mann schrie: „Mein Bruder, mein Bruder!" Sein Bruder hatte eine Herzattacke. Die beiden waren so ungefähr Mitte 30. Ich holte so schnell wie möglich einen Transportwagen, damit wir ihn reinbringen konnten. Mit Hilfe seines Bruders konnten wir ihn auf die Bahre legen. Ich habe ihn angeguckt, er hatte offene Augen, und es hat mich gewundert, dass sein Bruder so heulte, obwohl er doch seine Augen aufhatte. Ich habe ihm gesagt. „Weine nicht - weine nicht. Dein Bruder lebt noch - er hat seine Augen auf!" Nach zwei Minuten wurde er mit einer Decke bedeckt rausgebracht, der Arzt sagte, dass er schon seit einer halben Stunde tot sei.

Ich war schockiert. Sein Bruder auch. Er anfing richtig laut an

zu schreien und zu heulen.

Er hat dabei seine Kleidung komplett zerrissen. Nach ein paar Sekunden starb er auch. Er konnte nicht ertragen, dass er seinen Bruder verloren hatte. In einer Stunde starben zwei Brüder direkt vor meinen Augen.

Ab diesem Zeitpunkt wusste ich, dass die Augen nicht unbedingt geschlossen sein müssen, wenn man stirbt.

Nach ein paar Monaten war es noch schlimmer:

Ein junger Mann, der geistig behindert war, war von einem Auto überfahren worden. Er wurde von seiner Familie ins Krankenhaus gebracht. Ich war in dem Moment der Einzige, der im Ambulanzflur stand. Sie schrien: „Bring den Krankenwagen!" Ich habe ihn angeguckt, sein Kopf war fast weg. Ich hatte Panik, deswegen rannte ich weg. Die Familie brachte dann den Wagen selbst. Die Ärzte guckten ihn an und konnten nichts für ihn tun. Sie schickten ihn direkt weiter auf die türkische Seite der Stadt, aber da war er schon tot. Als sie weg waren, habe ich den Krankenwagen anguckt. Der Wagen war voll mit dem Fleisch seines Kopfes.

Das Leben ging weiter. Einmal beim Frühstück hörte ich wieder Schreie. Zum Glück war ich dieses Mal nicht im Ambulanzflur, sondern eine Etage höher. Ich guckte zum Fenster

raus und sah eine Person im Auto - seine Hand lag direkt neben ihm. Das Auto war voller Blut.

Ihm konnte auch nicht weitergeholfen werden, denn seine Hand war komplett abgeschnitten.

Er wurde woanders hingefahren. Wohin? Ich weiß es nicht. Danach habe ich weiter gefrühstückt, denn ich hatte mich schon daran gewöhnt.

Ich habe das alles fast jeden Tag gesehen, aber ich schildere euch nur die krassen Momente, die ich nie vergessen kann. Ich bin jeden Tag zur Arbeit gegangen und musste jeden Tag Blut sehen, denn das war meine Arbeit.

Einmal verlor eine Mutter während ihrer Niederkunft viel Blut. Über die Moscheen wurde eine Durchsage gemacht, dass eine Frau Blut braucht. Mir war bewusst, dass gleich sehr viele Menschen kommen würden, um Blut zu spenden. Ich bereitete alles vor und wartete, bis ich circa zehn Spender vor Tür der Blutbank sah. Ich habe ihnen Blut entnommen und musste es gleichzeitig im Labor analysieren. Während ich im Labor war, hatte ich vergessen, dass gerade jemand Blut spendete. Auf einmal hörte ich einen Schrei. Er rief: „Komm schnell, komm, die Tüte ist voll!" Ich rannte schnell zu ihm, die Tüte war wirklich voll. Ich habe die Spritze aus seiner Ader gezogen. Die Tüte hat mich und meine Kleidung

dabei mit Blut vollgespritzt. Ich war ganz voll mit seinem Blut. Ich entschuldigte mich.

Es war einfach zu viel für mich. Ich wusste halt nicht, was ich in solchen Situationen machen soll. Das alles habe ich ja innerhalb von nur einem Monat gelernt! Ich war Schüler, 15 Jahre alt und kein Arzt!

Es gab auch kleine Lichtblicke: Am Ende des Monats habe ich mein Gehalt bekommen, aber es hat für nichts gereicht. Ich kaufte mir eine neue Hose und mit dieser Hose ging ich zur Arbeit.

Auf einmal kam ein alter Vater zu mir und sagte, dass seine Tochter gerade eine OP hat, dass sie in einem anderen Krankenhaus läge und dringend Blut bräuchte. Ich habe im Kühlschrank nachgesehen. Es gab das passende Blut für sie. Ich stieg auf sein kleines Motorrad, nahm das Blut mit, und wir fuhren zusammen zu dem Krankenhaus, in dem seine Tochter lag. Als ich aufsteigen wollte, blieb meine Hose an einem Nagel seines Motorrads hängen. Meine neue Hose war komplett kaputt. Ich konnte sie nicht mehr anziehen, aber das war mir egal. Ich habe dann das Blut abgegeben und die Frau hat überlebt. Das hat mir genügt. In dem Moment war ich froh, dass ich bei ihrer Rettung mitgeholfen hatte.

Ich habe fast jeden Tag im Fernsehen gesehen, wie die Lage in Syrien immer schlimmer wurde.

Das hat mich komplett zerstört. Ich konnte nicht glauben, dass das alles in meinem Heimatland war.

Ich verlor von einem Tag zum anderen die Hoffnung. Es war ein schreckliches Gefühl, zu sehen, dass die Städte alle nach und nach in Trümmern lagen. Gesetze, Menschenrechte und Brüderlichkeit spielten zu dieser Zeit für die Konfliktgruppen keine Rolle mehr. Jede einzelne dieser Gruppen wollte Syrien regieren, aber das haben sie nur mit Gewalt durchgesetzt.

Eines Tages gab es in Tal Abyad einen Kampf zwischen zwei bewaffneten Gruppen. Es gab auf einmal Krieg zwischen allen möglichen Gruppen. Ich wusste nicht, wie es angefangen hatte, aber auf einmal hörten wir Bomben und einen Kampfeinsatz.

Ich war gerade im Ambulanzflur chillen - wie ich dachte!!

Plötzlich hörte ich wieder einen Schrei von jemandem, der einen Jungen an der Hand hielt, der sein kleiner Bruder war. Er schrie und heulte: „Mein Bruder, mein Bruder."

Ich hatte ein bisschen Angst, aber das alles wurde für mich langsam normaler Alltag.

Ich habe seinen Bruder angeguckt. In seinem Bauch klaffte ein großes, blutiges Loch. Das Blut floss aus ihm heraus

wie ein Wasserfall. Seine Gedärme waren fast alle verletzt. Er war bewusstlos. Er war zufällig draußen unterwegs, als der Kampf zwischen den beiden Gruppen anfing. Er konnte nicht mehr entkommen, deshalb wurde er von irgendeiner Seite getroffen. Als ich ihn sah, dachte ich mir, er würde nicht überleben. Gleichzeitig gab es in der Nähe Bombeneinschläge. Ich wusste nicht, ob ich selbst das hier überleben würde. Der Himmel hat durch die Bomben angefangen zu leuchten. Ich hatte das Gefühl, dass uns jeden Moment eine Bombe zufällig treffen würde.

Der Tod war überall. Er wollte uns alle umarmen, aber ich ihn nicht. Ich hatte Ziele, die erreichen wollte und ich wollte meine Familie nicht im Stich lassen.

Ich musste weiterleben. Der Himmel sollte warten. Der Himmel hat wirklich gewartet. Alles wurde wieder ruhig. Der Junge ist Gott sei Dank auch nicht gestorben. Es war ein Wunder, dass er überlebt hat. Nach mehr als zehn Stunden mit den Ärzten im Operationssaal konnte er zum Glück weiteratmen. Aber andere nicht. Mehrere Menschen sind in diesen Stunden ums Leben gekommen und viele woanders in anderen Städten, denn der Krieg war nicht zu Ende, sondern wurde immer schlimmer.

Auf beiden Seiten gab es Tote, die ich in den nächsten Tagen

bei meiner Arbeit live und nah sehen musste, denn der Leichenkühlschrank war ja direkt daneben. Einige hatten Kopfwunden, alle stanken, denn der Strom war mal wieder ausgefallen.

Es war einfach unglaublich. Ich konnte das alles mit meinen jetzt 16 Jahren gar nicht verarbeiten. Ich hatte noch nie zuvor in meinem Leben so etwas gesehen. Kein Jugendlicher sollte so etwas sehen müssen. Als ich im Krankenhaus schlief, hatte ich ein Bett, das sehr hoch war. Ich schlief immer allein in einem großen Zimmer. Ich habe eine Woche lang geträumt, dass alle diese Leichen unter meinem Bett waren, deswegen konnte ich nicht schlafen, weil ich immer gucken musste, ob wirklich tote Menschen unter meinem Bett waren. Ich war auch weit entfernt von meiner Familie.

Ich habe nicht gut gegessen und geschlafen. Morgens arbeitete ich in der Blutbank, nachmittags war ich manchmal Träger und abends habe ich als eine Art Security im Krankenhaus gearbeitet. Ich habe da einfach aufgepasst.

Aber ich wollte unbedingt wieder zu meiner Familie. Ich habe sie vermisst. Die internationale Tür zwischen Syrien und der Türkei war auf und normale Passanten konnten in die Türkei gehen. Zu dieser Zeit war mein älterer Bruder auch in Syrien. Für meinen Vater wäre es unmöglich gewesen, aber wir Jüngeren wurden nicht erkannt und konnten uns noch etwas

in Syrien bewegen. Wir beide wollten nun in die Türkei, um meine Familie zu sehen. Ein Cousin wollte uns mit dem Auto hinbringen. Unterwegs gab es eine Sicherheitskontrolle von den Rebellen, die zu dieser Zeit die Stadt regierten. Die haben uns nach unseren Ausweisen gefragt. Es war alles normal und super, bis mein Cousin geredet hat. Er sagte ihnen, dass wir die Söhne von dem General sind und er solle unsere Ausweise nicht nehmen, denn mein Vater habe die Regierung verlassen.

Der Mann der Sicherheitskontrollen hat sich gefreut. Er sagte: „Cool. Steigt aus, ihr seid verhaftet!!"

Ich wusste nicht, warum wir aussteigen mussten, denn wir hatten nichts gemacht. Das Einzige was ich wollte, war meine Familie zu sehen.

Er brachte meinen Bruder und mich zu einem ganz kleinen Raum, wo circa zehn Männer von denen drin waren. Die haben uns viele unnötige Fragen gestellt. Sie sagten uns, dass wir uns keine Sorge machen sollen, denn mein Vater würde kommen, und er würde ihnen zwei Milliarden zahlen, damit sie uns freilassen können. Aber zwei Milliarden hatten wir nicht. Die haben versucht uns psychisch fertigzumachen, damit wir irgendwas sagen, was uns zu Hochverrätern der Heimat macht, damit sie ein Argument hätten, um Geld zu erpressen. Das Einzige, was die wollten, war Geld, aber Geld

hatten wir nicht, weil alles weg war. Wir hatten nur die Hoffnung, dass irgendwann alles wieder gut würde.

Nachher haben wir erfahren, dass meine Verwandten eine andere Gruppe, die da auch mitregierten, zu Hilfe geholt hatten, um uns aus der Gewalt dieser Miliz zu befreien. Alle hatten ihre Waffen vorbereitet und sagten, dass keiner von uns rausgelassen wird. Beide Seiten wollten aufeinander schießen. Beide Gruppen waren mir scheißegal. Mein Bruder und ich waren in diesem scheiß Raum, der sehr klein war. Also wenn die anfangen würden zu schießen, würden wir direkt sterben, weil die Wahrscheinlichkeit, dass wir

getroffen würden, läge bei 1.000 Prozent. Nach einer Stunde kam plötzlich ein anderer, der sagte, dass wir freigelassen werden sollten, denn wir hätten nichts gemacht.

Ich verstand überhaupt nicht, wer die waren und wo diese Person auf einmal herkam, und warum das alles gerade passierte. Der Albtraum war endlich zu Ende aber nur für diesen Tag, denn der Krieg in Syrien wurde immer schlimmer und schlimmer.

Ich rannte schnell nach Hause, wo meine Familie wohnte. Ich machte mir Sorgen, dass sie sich um uns Sorgen machten. Ich kam an und sah, dass mein Vater schlief. Er wusste von nichts. Die Schweine wollten uns nur verarschen, damit sie vielleicht Geld bekommen. Ich machte mir Sorgen um meine

Familie, denn ich wusste, dass mein Vater alles für uns tun würde. Er würde seine Seele für uns opfern.

Unser Geld war mit der Zeit zu Ende und wir wollten wieder nach Rakka zurückkehren. Die Situation in Rakka hatte sich ein bisschen verbessert, wie wir dachten. Denn viele Leute kehrten zurück, die Schulen waren auf, auch die Läden. Aber normal war das Leben noch nicht, denn es gab fast jeden Tag Luftangriffe von der Regierung auf Häuser und Straßen. Der Regierung war es egal, ob dabei unschuldige Menschen starben. Also man fühlte sich nie sicher, weil man an jedem Tag, in jeder Stunde, in jeder Sekunde hätte sterben können. Meine Familie kehrte dennoch nach Syrien zurück. Wir haben versucht uns an das neue Leben zu gewöhnen, aber es war sehr schwer.

Ich habe mit dem Job im Krankenhaus aufgehört. Ich wollte wieder zur Schule gehen. Wir waren wieder in unserem Haus. Wir hatten nicht so viel Geld. Es gab nicht immer Strom und nicht immer Wasser sowie keine Sicherheit. Wir konnten zu jeder Zeit sterben wie viele andere, die in Syrien und in der Stadt Rakka wohnten. Aber das nahmen wir in Kauf. Wir waren nur froh, dass wir alle wieder in unsrem Haus waren.

Die Stadt war zu dieser Zeit in der Hand der Rebellen.

Langsam sah ich die schwarzen Flaggen des IS. Es waren nicht so viele und sie hatten nicht so viel Macht wie die Rebellen. Sie haben angefangen Häuser zu kaufen oder zu besetzen. Sie argumentierten, dass sie gegen die Regierung seien und die Stadt schützen wollten.

Niemand wusste, was die wollten oder welche Ziele sie hatten. Die waren einfach da - also bewaffnet natürlich. Fast alle waren Ausländer, und sie waren auffallend reich. Es wurden immer mehr und mehr. Nicht nur die wurden mehr, sondern auch die Luftangriffe.

Das war sehr seltsam für uns alle. Was machen die hier eigentlich? Was wollen die genau?

Das ist die Frage, die mich immer noch beschäftigt: Woher kamen die auf einmal?

Doch noch war es mir egal, ich wollte nur zur Schule gehen. Ich war sehr glücklich, dass ich wieder zur Schule gehen konnte, obwohl es Krieg gab. Ich ging zu meiner Schule und traf mich mit meinem Lehrer. Er sagte mir „Moutasm, ich muss dir leider was sagen. Dein Schulabschluss bei den Rebellen wird nicht anerkannt, deswegen musst du die Klasse bei der Regierung wiederholen." Und das könnte ich nur in einer anderen Stadt machen, wo die Regierung die Macht hatte.

Das Problem war, ich konnte nicht einfach in eine andere

Stadt fahren, die unter der Kontrolle der Regierung stand, weil mein Vater ja vor ein paar Monaten die Regierung verlassen hatte. Ich konnte also verhaftet und umgebracht werden, wenn ich dahin ging, denn für die Regierung waren wir ja nun „Hochverräter der Heimat". Meine Familie war dagegen, weil sie sich Sorgen um mich machte, aber ich wollte trotzdem gehen und habe versucht, meine Familie zu überreden, aber ich hatte die Chance und die Zeit nicht mehr, denn der IS wurde stärker und stärker. Die wollten auf einmal die komplette Stadt einnehmen. Um das zu schaffen, mussten sie aber erst einmal die Rebellen vernichten. Also durch Gewalt und Krieg.

Es fing wieder an. Bomben, Snipers, und Kampfeinsätze.

Viele unschuldige Menschen starben dabei. Viele glaubten, dass der IS nicht überleben würde, denn die IS-Kämpfer waren zu dieser Zeit nicht so viele, im Vergleich zu den Rebellen. Tatsächlich aber haben sie innerhalb eines Tages die Stadt komplett eingenommen. Die hatten alle schwarze Kleidung an, sie waren alle gruselig und hässlich. Von ihren Gräueltaten habt ihr sicherlich in den Medien erfahren.

Auf einmal hieß Rakka: „Die Hauptstadt des islamistischen Staates"!

Und wieder stiegen wir ins Auto und fuhren Richtung türkische Grenze.

Wir wollten so schnell wie möglich die Stadt verlassen, denn wir alle hatten Angst und machten uns Sorgen, weil wir nicht wussten, was und wer der IS ist. So etwas hatten wir noch nie erlebt.

Die Türkei hatte ihre Grenze für Geflüchtete aufgemacht. Meine Familie konnte zum Glück wieder in die Türkei einreisen und wohnte nun wieder da, wo sie früher ganz am Anfang gewohnt hatte.

Ich war sehr glücklich, dass sie sicher angekommen sind. Mein Bruder und ich mussten noch ein paar Dinge in unserem Haus erledigen, und wenn wir damit fertig wären, sollten wir unserer Familie folgen.

Gleichzeitig dachte ich an meinen Abschluss. Ich wollte ihn noch nicht aufgeben. Aber die Situation war bedrohlich. Nach einer Woche schloss die Türkei ihre Grenze. Jetzt saß ich in der Falle, denn ich musste zu meiner Familie.

Man konnte versuchen illegal durch die türkische Grenze zu gelangen, aber das war sehr gefährlich. Menschen wurden zu dieser Zeit von der türkischen Armee hart geschlagen und manchmal umgebracht, wenn sie an der Grenze festgenommen wurden. Ich habe es zusammen mit meinem Bruder oft versucht, aber es hat nicht geklappt.

Die türkische Armee war überall. Viele wurden an der Grenze erschossen oder vom IS verhaftet, denn man durfte den sogenannten „Islamischen Staat" nicht verlassen.

Also es war alles von allen Seiten gefährlich. Man konnte jederzeit sterben.

Einmal ging ich mit meinem Bruder zusammen zur Grenze um einen letzten Versuch zu wagen. Es war gegen 4 Uhr nachts. Wir kamen der Grenze näher und näher. Wir guckten uns um, es schienen keine Soldaten da zu sein. Wir haben uns gefreut, es konnte sein, dass wir gleich reinkönnten. Wir waren da aber nicht allein. Es gab auch eine Familie, die auch rein wollte. Wir kamen zusammen und versuchten das Netz an der Grenze kaputtzumachen. Wir bildeten eine Reihe. Mein Bruder und ich waren in der Mitte dieser Reihe. Eine Frau mit ihrem kleinen Kind und ihrem Mann traten als erste ein.

Plötzlich sahen wir circa zehn Soldaten, die sich im Gras versteckt hatten. Sie waren alle bewaffnet und forderten uns auf, auch reinzukommen, um uns alle zu verhaften. Die Familie wurde gefasst, aber mein Bruder und ich nicht. Wir haben uns alle anguckt. Der Soldat hat uns auf Türkisch angeschrien aber ich habe nichts verstanden. Das Einzige, was ich verstanden habe, war, dass er ein Unmensch war, denn er hat

uns nicht wie Menschen behandelt, obwohl er wusste, warum wir in die Türkei rein wollten.

Ich fragte meinen Bruder was wir machen sollten. Er sagte, dass wir wegrennen müssen, sonst würde er auf uns schießen, obwohl wir noch auf syrischem Boden waren. Wir wollten die Familie nicht alleinlassen, aber es gab keine andere Wahl.

Wir zählten bis drei und rannten weg. Wohin?

Das wussten wir nicht. Hauptsache weg.

Zum Glück haben wir es geschafft, aber in Sicherheit waren wir nicht. Der IS war überall und hat jeden verhaftet, der in die Türkei wollte. Wer fliehen wollte, war in ihren Augen kein wahrer Moslem und durfte umgebracht werden. Deswegen liefen wir heimlich und vorsichtig durch die Straßen, damit keiner vom IS uns sah und festnahm.

Ich sagte meinem Bruder, dass ich lieber in Syrien bleiben wolle, bis sich ein sicherer Weg öffnete.

Ich hatte nicht mehr die Kraft, das alles jeden Tag zu sehen und zu erleben.

Einen Tag später erfuhr ich, dass mein Bruder es allein geschafft hatte, durch die Grenze in Sicherheit zu kommen. Ich fühlte mich wie ein Versager. Kaum war ich nicht dabei, hat er es geschafft.

Zum Glück konnte ich meine Familie überreden, mich in die Stadt fahren zu lassen, in der ich meine Prüfung wiederholen konnte. Ich war sehr froh darüber. Ich habe mir und meiner Familie versprochen, einen guten Abschluss zu machen.

Die Prüfung war in drei Monaten, deshalb fuhr ich jetzt erst einmal nach Rakka zurück, um mich dort ein bisschen vorzubereiten. Ich nahm den Bus und unterwegs gab es eine Einsatzkontrolle des IS. Ich hatte ein bisschen Angst, denn die haben auch manchmal Jugendliche mitgenommen. Alle Passanten wurden kontrolliert, ich auch. Die wollten, dass ich meine Tasche öffne, damit sie gucken können, was ich dabei hatte. Ich war der Einzige, dessen Tasche kontrolliert wurde. Ich hatte eine Spielzeugmaske in der Tasche. Einer von denen sah sie und war sehr wütend auf mich, aber ich wusste nicht warum. Er hat sie mir weggenommen und sagte mir, dass ich so etwas nicht mehr haben dürfe, sonst würde ich beim nächsten Mal verhaftet werden. Ich sagte: „Okay, Entschuldigung", obwohl ich nicht verstanden habe warum. Zum Glück hat er mich in Ruhe gelassen und ich fuhr weiter nach Rakka.

Rakka war nicht die Stadt wie ich sie kannte.

Alles war anders. Die Stadt war komplett schwarz. Wir durften nicht alles tragen, was wir wollten. Waffen waren überall sowie abgetrennte Köpfe. Menschen wurden in der Innen-

stadt vom IS öffentlich enthauptet, weil sie angeblich keine wahren Muslime waren, wie der IS behauptete. Aber in Wahrheit haben sie nur Muslime getötet. Gleichzeitig gab es immer wieder Luftangriffe. Rauchen war verboten, aber das hat mich nicht gehindert, weiter Shisha zu rauchen. Ich habe immer heimlich bei mir zuhause Shisha geraucht und für die Prüfung gelernt. Ich war fast die ganze Zeit allein. Ich war traurig, hoffnungslos und innerlich wie tot.

Ich war 16 Jahre alt und hatte gar keinen Lebensmut mehr. Ich konnte diese ganze Situation gar nicht realisieren. Ich habe nicht verstanden, warum und wieso das alles passiert.

Die Zeit verging und ich musste jetzt nach Qamischli fahren, um meine Prüfung zu machen. Qamischli stand unter der Kontrolle von kurdischen Gruppen, die jedoch die öffentlichen Strukturen der Regierung erhalten hatten. Ich hatte dennoch große Angst, denn ich konnte vom IS sowie von der Regierung verhaftet werden, obwohl ich nichts gemacht hatte. Nach dem Motto: „Augen zu und durch" fuhr ich dahin und erhielt meinen guten Abschluss. Also in dieser Zeit habe ich die neunte Klasse zweimal abgeschlossen, einmal bei der Regierung und einmal bei den Rebellen.

Zweimal bestanden und zwei Zeugnisse! Es war irgendwie skurril, aber es war halt so.

Der IS wurde jetzt immer schlimmer und strenger.

Der IS hat gegen viele Gruppen Krieg geführt: gegen Kurden, gegen Rebellen gegen die Regierung. Deshalb hatte Rakka als Hochburg des IS keinen guten Ruf in Syrien sowie in der ganzen Welt. Sie wurde als Hauptstadt des Terrorismus bezeichnet.

Man lief ständig Gefahr, getötet oder entführt zu werden. Ich hatte keine Wahl, außer Syrien zu verlassen.

Ich ging mit meinen zwei hart erkämpften Zeugnissen in die Türkei zu meiner Familie. Wieder illegal durch die Grenze. Diesmal hatte es geklappt.

Kapitel 2: Türkei

Die Situation bei meiner Familie war leider nicht viel besser. Meine Familie war komplett pleite. Wir hatten nicht genug Geld zum Essen oder um die Haushaltsversorgung zu bezahlen. Mein Traum, dass ich weiter zur Schule gehen könnte, war für mich gestorben.

Ich musste so schnell wie möglich eine Arbeit finden, aber keine Arbeit, die mit Krankenhäusern zu tun hatte oder mit Leichen. Ich wollte arbeiten, aber ich wusste nicht, was ich arbeiten kann, denn ich hatte weder einen Beruf gelernt noch irgendeine Ausbildung gemacht. Ich war Schüler. Ich hatte mit meinen 16 Jahren nun eine große Verantwortung. Nicht nur ich natürlich, sondern die ganze Familie. Es war einfach ein schwieriges Gefühl, wenn man mit 16 Verantwortung für das Überleben der Familie mittragen muss.

Ein Bekannter meines Vaters, der in Istanbul wohnte, rief eines Tages an und sagte meinem Vater, dass er für mich und meinen Bruder, der ein bisschen älter als ich ist, einen Job dort gefunden hätte und wir könnten noch in dieser Woche anfangen.

Ich habe mich sehr gefreut, denn ich habe immer davon geträumt Istanbul zu sehen oder sogar in Istanbul zu wohnen. Ich kannte Istanbul damals aus Serien und Filmen. Es ist eine schöne und große Stadt aber auch weit entfernt. Mein Bruder und ich mussten fast einen Tag lang mit dem Bus fahren, bis wir dort ankamen.

Ich hätte nie in meinem Leben gedacht, dass ich irgendwann Syrien verlassen und in Istanbul wohnen würde. Es war ein komisches Gefühl. Nach allem, was ich erlebt hatte, konnte ich dem Leben nicht mehr vertrauen, denn ich war immer enttäuscht worden.

Es gab immer was Neues. Ich musste immer neue Menschen kennenlernen, die ganz unterschiedliche Gedanken und Ansichten hatten. Das Leben hat mir jeden Tag etwas Neues beigebracht.

Wir kamen also an, wo wir arbeiten und wohnen sollten.

Mit Verlaub: Es war einfach scheiße!

Da habe ich das andere Gesicht von Istanbul kennengelernt. Istanbul ist nicht ganz so schön wie ich mir dachte.

Es gab in dieser großen Stadt so viele schreckliche Geschichten von vielen Menschen, die da lebten und arbeiteten.

Meine Geschichte ist eine davon.

Vielleicht klingt das für euch nicht so schlimm, aber für mich war es das. Ich habe in dieser Stadt viele schlimme Zeiten erlebt, die ich nie wieder erleben möchte. Dies prägte mich für mein Leben, bis heute.

Wir waren etwa 15 Männer, die in einem sehr engen Raum zusammen schlafen und unten im Keller arbeiten mussten. Wir kannten niemanden und niemand kannte uns. Das war nun unser Schicksal und wir mussten damit umgehen, egal wie schwer es war. Meine Familie brauchte das Geld, und wir mussten Geduld haben.

Die Leute da waren alle traurig. Alle hatten viele Probleme, wie wir. Sie hatten auch Träume wie wir, aber trotzdem konnten wir einander nicht direkt vertrauen, denn jeder Mensch ist anders. Jeder Mensch denkt und fühlt anders. Wir mussten in diesem Raum schlafen, essen und duschen. Es war einfach schrecklich. Ich konnte es gar nicht glauben, dass ich das alles gerade erlebte.

Die Arbeit war auch furchtbar. Wir mussten Shoppingtüten herstellen. Je mehr und schneller wir arbeiteten, desto mehr Geld bekamen wir theoretisch. Also es gab keinen festen Lohn. Man hätte schnell wie eine Maschine sein müssen.

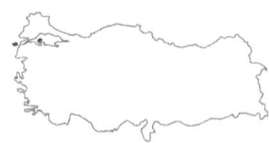

Für 2.000 Stück in der Zeit von 8 Uhr morgens bis 20:00 Uhr abends bekam man maximal 40 türkische Lira am Tag, aber wir konnten nicht jeden Tag 2.000 Stück produzieren. Manchmal gab es auch nicht genug Material, um die Stückzahl zu schaffen.

Also haben wir mit viel körperlicher und psychischer Arbeit sehr wenig Geld verdient. Wir hatten aber den Willen sowie die Motivation. Wir hatten die Hoffnung, dass es nicht für immer so bliebe.

Aber das Leben lief oft nicht so, wie wir es wollten. In der ersten Woche der Arbeit wurde das Handy meines Bruders von einem der Mitarbeiter geklaut. Das Handy war richtig teuer, man musste zwei oder drei Monaten dafür arbeiten, um so ein Handy zu kaufen. Wir waren etwa 15 Leute da. Also war der Dieb schnell gefunden und mein Bruder bekam sein Handy zum Glück wieder zurück. Das war unsere erste schlechte Erfahrung bei der Arbeit.

Tag um Tag verlor ich mehr die Lust weiterzuleben. Ich habe komplett vergessen darauf zu achten, was ich esse, was ich anhabe und wie es um meine Gesundheit allgemein bestellt ist. Ich habe jeden Tag wie ein Tier gearbeitet. Alles war mir egal. Das Einzige, was ich mir wünschte, war, dass ich irgendwann aus diesem Albtraum aufwachen würde, aber es wurde immer nur schlimmer. Jeden Tag habe ich gearbeitet, jeden

Tag habe ich mit meiner Familie telefoniert und sagte ihnen immer, dass es mir super geht, dass es mir nur gut geht, wenn es ihnen gut geht.

Nicht nur mir ging es schlecht, sondern meiner Heimat Syrien auch.
Sie lag in Trümmern.
Es wurden jeden Tag Menschen umgebracht. Der Krieg wurde immer schlimmer.
Die beteiligten Länder wurden immer mehr.
Das alles habe ich jeden Tag verfolgt. Das hat mich innerlich kaputtgemacht. Tag um Tag verlor ich die Hoffnung, irgendwann nach Syrien zurückzukehren.
Ganz langsam habe ich mich daran gewöhnt. Die Leute auf der Arbeit waren mit der Zeit auch so etwas wie Freunde für mich geworden.

Einmal hatte ich Feierabend und wollte ein bisschen auf Facebook schauen.
Ich las auf einer Seite, dass meine Schule durch einen Flugzeuganschlag angegriffen worden war und Schüler dabei verletzt wurden und auch ums Leben kamen. Ich habe mir die Bilder der Schüler angeschaut, es waren meine Freunde, mit denen ich in einer Klasse gewesen war und mit denen

ich immer gechillt hatte. Sie waren voller Blut, verletzt und man konnte sie kaum erkennen. Zwei davon waren tot. Einer hatte seinen Arm verloren und ein anderer seinen Fuß. Ich konnte das einfach nicht glauben. Ich war am Boden zerstört und habe sehr geweint. Die Welt war für mich zu Ende, alles war für mich einfach wertlos. Wenn ich zu diesem Zeitpunkt in Syrien gewesen wäre, wäre ich jetzt auch tot.

Lieber Nour
Lieber Aghyad
Ruhet in Frieden!

Es dauerte nicht lange, bis mein Bruder sich entschied, den Job aufzugeben und zu meiner Familie zurückzugehen. Er hatte keinen Bock mehr. Er konnte nicht mehr in Istanbul bleiben. Wir starben da jeden Tag innerlich, ganz langsam. Als Mensch hat man dort keine Grundrechte! Wir wurden eigentlich nur ausgebeutet und konnten uns nicht wehren. Er hat mich gefragt, ob ich mitkommen möchte, dann könnten wir in der Nähe meiner Familie eine bessere Arbeit suchen. Aber das wollte ich nicht. Ich hatte noch die Hoffnung, in Istanbul eine andere Arbeit zu finden und meine Zukunft und die Zukunft meiner Familie zu retten.

Mein Bruder ging weg. An diesem Tag habe ich die ganze Zeit

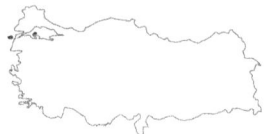

ohne Ende geweint. Ich habe mich völlig allein gefühlt. Mit 16 Jahren musste ich allein mit 15 fremden Personen arbeiten und wohnen. Ich habe mich sehr schwach gefühlt. Ich war fix und fertig. Einige meiner Zimmergenossen haben mich gefragt, ob ich wirklich weine, ob alles in Ordnung sei. Ich sagte: „Nein alles gut, ich habe nur ein Sandkorn im Auge." Ich wollte keinem zeigen, dass ich schwach bin. Ich wollte nie aufgeben, obwohl ich innerlich fertig war.

Einmal schrieb mir ein Junge auf Facebook, der eine Arbeit suchte. Ich habe sein Profil angeguckt. Er sah reich aus. Er sagte mir, dass er für kurze Zeit hier in Istanbul sei und Langeweile hätte, deswegen würde er gerne arbeiten. Ich habe meinen Chef gefragt. Er sagte ja, er solle kommen. Ich habe den Jungen angeschrieben und sagte ihm, dass er kommen solle, obwohl ich ihn gar nicht kannte. Der Junge kam. Er hatte einen Anzug an und ein gutes Handy dabei. Er schaute sich uns sowie die Arbeit an. Er war überrascht. So etwas hatte er nicht erwartet: 15 Männer in einem Zimmer, Arbeit im Keller und auf dem Boden nur dreckige Teller. Nach einer Stunde sagte er mir, dass er nicht mehr weiterarbeiten könne. Er wollte weg, aber er hat sich trotzdem bei mir bedankt. Der Junge verschwand. Kurz darauf war er ganz verzweifelt, denn er hatte seinen Reisepass bei mir vergessen.

Man hätte diesen Pass zu dieser Zeit schnell verkaufen und gutes Geld damit verdienen können. Ich schrieb den Jungen an und sagte ihm, dass er sich keine Sorge machen sollte, ich würde ihm den Pass vorbeibringen. Ich fuhr zu ihm und gab ihm seinen Pass zurück. Er war mir sehr dankbar. Er war ein Fremder für mich und ich für ihn. Wir waren alle Fremde in dieser grausamen Stadt - Istanbul.

Nach paar Tagen schrieb mich derselbe Junge an und sagte mir, dass er einen Job für mich hätte und ich könne damit sehr viel Geld verdienen. Ich war froh, dass ich diese schreckliche Fabrik endlich verlassen konnte und mit einem neuen guten Job anfangen konnte. Ich erzählte aber meinem Chef nichts darüber. Ich sagte ihm, dass ich bisschen reisen will und ich würde bald zurückkommen. Er hat mir nicht geglaubt, aber er hat so getan, als ob. Ich verließ die Fabrik und fuhr wieder zu diesem Jungen.

Ich bekäme den Job seines Kollegen, der eine andere Arbeit gefunden hätte, wie er sagte. Ich habe dann angefangen, in einer Bäckerei zu arbeiten. Von drei Uhr morgens bis 19 Uhr abends habe ich jeden Tag ohne freie Tage wie ein Esel gearbeitet.

Der Chef war ein Schwein und Rassist. Sogar Hunde werden hier in Deutschland besser behandelt, als er mich behandelt hat.

45

Trotzdem musste ich Geduld haben, denn ich hatte ein Ziel. Ich wollte meine Familie aus der Krise holen, obwohl ich selber in einer Krise war. Ich war kaputt. Ich war innerlich und körperlich fertig. Immerhin habe ich ein paar Leute kennengelernt, die nachher gute Freunde wurden.

Genau nach einer Woche kam dieser Junge wieder zu mir, der für mich den Job besorgt hatte und sagte mir, dass er wieder zu seiner Arbeit zurück möchte, denn er hatte keine bessere Arbeit gefunden.

Also hatte er mich nur ausgenutzt, damit er den Job nicht verliert. Jetzt musste ich einfach raus, ohne Job und ohne einen Ort, wo ich warm schlafen konnte. Was sollte ich machen?

Ich rief meinen alten Chef an und sagte ihm, dass ich wieder zurück wäre und sehr motiviert sei, wieder zu arbeiten.

Das war aber genau das Gegenteil der Wahrheit. Ich habe diese Arbeit gehasst, aber ich hatte keine andere Wahl. Ich musste ein bisschen bei ihm schleimen, damit ich nicht auf der Straße schlafen musste.

Ich war sehr enttäuscht und überrascht von diesem Jungen, der mich einfach verarscht und ausgenutzt hatte, aber ich konnte nichts machen, außer mich selber zu belügen und mir einzureden, dass die Hoffnung noch da sei.

Meine Mutter heißt „Amal", das bedeutet auf Deutsch: Hoffnung.

Mein Vater war auch ein Kämpfer, der immer alles selber gemacht hat. Er kommt aus einer armen Familie, aber trotzdem hatte er nie aufgegeben, hat sich viel Mühe gegeben und viel geschafft. Außerdem war ich nicht der Einzige, der Probleme hatte. Viele andere Syrer hatten Probleme.

Du hast auch Probleme. Jeder Mensch hat Probleme.

Aber es gibt Probleme, die man selbst lösen kann und Probleme, die nur das Schicksal lösen kann. Also gab es für mich keine Ausrede um aufzugeben, denn ich hatte keine andere Wahl außer einfach irgendwie weiterzumachen.

Ich musste es schaffen, solange ich atmen konnte.

Ich kam zurück und habe noch ein paar Monaten in dieser Fabrik gearbeitet, bis ich nicht mehr konnte. Durch diese Arbeit hatte ich meine Augen sehr angestrengt. Ich brauchte eine Brille.

Ich habe mich entschieden zurück zu meiner Familie zu fahren und nie wieder nach Istanbul zurückzukehren. Diese Stadt hat mich zehn Jahre älter gemacht. Ich war durch.

Mein Herz sowie mein Kopf hatten nie Ruhe.

Ich fuhr 24 Stunden zu meiner Familie zurück. Auch der Weg war anstrengend.

Mein Plan war, dass ich vielleicht wieder zur Schule gehen

und türkisch gut beherrschen könnte, aber gleichzeitig habe ich immer davon geträumt, nach Syrien zurückzukehren.

Die Lage bei meiner Familie war auch nicht besser.

Meine Familie war pleite und innerlich tief traurig.

Ich traute mich nicht, meiner Familie zu sagen, dass ich zur Schule gehen möchte. Ich habe mich immer geschämt, wenn ich von meinem Vater Geld angenommen habe, denn mein Vater hatte kein Geld mehr. Meine Familie erwartete nicht, dass ich arbeite, aber ich konnte es nicht ertragen, meine Familie so leiden zu sehen.

Das alles konnte ich gar nicht mehr begreifen.

Mann!! Warum passiert das alles mit uns?

Ich habe mich entschieden, über die syrisch-türkische Grenze zu gehen. Obwohl es gefährlich war, denn man durfte zu dieser Zeit zwar legal nach Syrien gehen aber nicht wieder zurück in die Türkei. Außerdem wurde meine Heimatstadt Rakka zu dieser Zeit vom IS regiert. Also war die Situation noch gefährlicher. Aber ich konnte nicht mehr. Ich hatte Heimweh. Vielleicht verstehst du das jetzt nicht, aber mein Wunsch, in der Heimat zu sein, war so stark, dass ich die Gefahr für einen Moment ausgeblendet habe. Ich ging über die Grenze. Ich wollte so gerne unser Haus wiedersehen.

Zu dieser Zeit war unser Haus vermietet. Die Mieter haben so getan, als ob ihnen Haus gehörte, damit der IS es nicht

beschlagnahmt. Der IS hat jedes Haus, dessen Eigentümer außerhalb ihres kruden „Islamischen Staates" lebte, einfach in Besitz genommen.

Ich wollte nur ein paar Tage bleiben. Ich lief also zur Grenze und ging rüber. Das war nur eine Linie innerhalb der Grenzstadt, auf deren türkischer Seite meine Familie diese Wohnung gemietet hatte. Jetzt war ich endlich nach ganz langer Zeit wieder in Syrien. Ich habe tief geatmet. Es war ein besonderes Gefühl. Es war eine ganz andere Welt.

Ich war wie neu geboren, bis ich einen Anruf von meinem Vater bekam.

Er sagte mir, dass der IS erfahren habe, dass unser Haus uns gehört und, dass wir im Ausland seien. Das hieß bei denen, dass wir keine wahren Muslime mehr sind und dass sie alles mit uns machen dürfen. Es war also Gefahr im Verzug. Die haben unserem Mieter eine Woche Zeit gegeben, das Haus zu verlassen.

Diese Woche hatten wir also Zeit, unsere ganzen Möbel rauszuschaffen, möglichst ohne vom IS als Hauseigentümer erkannt zu werden. Nicht, dass wir die Möbel hätten haben wollen, denn das konnte nichts ändern, aber wir wollten nicht, dass diese Schweine unsere Möbel nehmen.

Mein Bruder und ich fuhren also heimlich nach Rakka und konnten in zwei Nächten die Möbel rausholen und auf drei

sichere Häuser verteilen. Unsere Nachbarn und Verwandte halfen uns, sodass wir alles transportieren konnten. Ohne sie hätten wir das nicht geschafft.

Ich wollte mein Haus besuchen aber nicht so. Ich musste mich verstecken, obwohl ich nichts gemacht habe. Ich musste mich verstecken, obwohl dieses Haus und diese Möbel zu mir und zu meiner Familie gehörten. Ich musste mich verstecken, obwohl ich in meiner Stadt war.

Die waren die Fremden und nicht ich.

Die waren die Feinde und nicht ich.

Ich hatte das Gefühl, dass ich mein Haus, meine Stadt und alle die schönen Orte meiner Kindheit nie wiedersehen würde, denn ich habe mich entschieden, in die Türkei zu fahren und nie wieder nach Syrien zurückzukehren. Ich musste es tun, sonst hätte der IS mich umgebracht, wenn sie mich und meine Familie festgenommen hätten.

Gefechte, Stromausfall und kein fließendes Wasser hätte man ertragen können, aber nun waren wir ganz persönlich bedroht, als „Hochverräter der Heimat" seitens der Regierung und als „Ungläubige" seitens des IS.

Der Rückweg in die Türkei war nicht einfach, denn die türkischen Grenzen waren zu. Ich musste mich halt wieder einmal in Gefahr begeben, um über die Grenze zu meiner Familie in die Türkei zu kommen.

Aber die Gefahr an den türkischen Grenzen war nichts gegen die Gefahr durch den IS. Die türkische Armee würde mich festhalten, maximal zusammenschlagen, sodass ich ins Krankenhaus müsste, aber der IS würde mich umbringen, wenn sie mich festnehmen würden. Zum Glück habe ich es nach vielen Versuchen durch die Grenze in Sicherheit geschafft.

Wie ich schon erwähnte, hatte meine Familie nicht mehr so viel Geld. Alles war halt weg, aber wir hatten trotzdem immer noch die Hoffnung, dass alles gut werden würde. Ich habe angefangen in der Stadt, wo ich wohnte, eine Arbeit zu suchen, obwohl ich gar nicht wusste, was ich arbeiten sollte. Es war wieder dieses schreckliche Gefühl. Ich war so machtlos. Ich war durcheinander. Nicht nur ich, da waren noch viele andere Jugendliche wie ich, und ich hatte keine andere Wahl, außer weiter zu kämpfen.

Nach einer Woche ungefähr lernte ich einen Baumeister kennen, der einen Arbeiter suchte, um ihm bei einem Hausbau zu helfen. Ich habe ihn gefragt, ob ich bei ihm arbeiten darf. Er war einverstanden und sagte mir, dass ich kommen solle. Ich war froh, dass ich endlich eine Arbeit gefunden hatte, obwohl ich ja eigentlich lieber wieder zur Schule gehen wollte. Um acht Uhr morgens ging ich zur Baustelle und wollte anfangen. Er sagte mir, dass ich irgendein Baumaterial vorbereiten

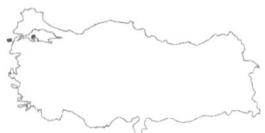

soll, aber ich wusste gar nicht, wovon er redet. Ich bin Schüler und habe noch nie in meinem Leben richtig gearbeitet.

Nach genau 15 Minuten sagte er mir, dass er solche Arbeiter nicht gebrauchen könne und ich solle nach Hause gehen. Ich konnte seine Aussage nachvollziehen, denn ich war für diese Arbeit gar nicht geeignet. Ich war daran gewöhnt in Häusern zu wohnen und keine Häuser zu bauen.

Ich war sehr traurig und wütend auf mich selbst, denn ich hatte es nicht geschafft. Ich lief nach Hause zurück und habe mich auf meinem Heimweg verlaufen, obwohl ich den Weg ganz gut kannte, aber ich war so niedergeschlagen und verzweifelt, dass ich mir nicht mehr merken konnte, wo ich wohnte.

Die Welt war sehr eng.

Und wie immer, wenn ich dachte, jetzt geht nichts mehr, passierte wieder irgendwas Komisches mit mir.

Um 17 Uhr bekam ich eine Nachricht von einem Kollegen, den ich in Istanbul kennengelernt hatte, dass ich jetzt sofort nach Istanbul kommen solle, weil er für mich eine Arbeit gefunden hätte. Ich habe ihm direkt zugesagt und versprach noch am selben Tag nach Istanbul zu fahren, obwohl ich mir eigentlich versprochen hatte, nie wieder nach Istanbul zu reisen. Aber dem Anschein nach wollte diese Stadt mich nie in Ruhe lassen.

Ich musste einfach weiterkämpfen, aber ich fühlte mich sehr schwach - zu schwach um weiterzukämpfen, aber gerade stark genug, um nicht aufzugeben.

Ich war alleine mit meinem Vater in der Wohnung und sagte ihm, dass er für mich jetzt Geld besorgen solle, denn ich wolle noch heute nach Istanbul fahren. Mein Vater war ein bisschen überrascht und fragte mich warum auf einmal? Ich sagte ihm, dass ich eine Arbeit gefunden hätte und ich würde die Familie unterstützen.

Mein Vater selber hatte kein Geld mehr zur Hand, deswegen ging er zu unserem Nachbarn und hat sich das Geld für mich geliehen. Ich habe ihm versprochen, dass ich die Familie unterstützen und das Geld zurückgeben würde, obwohl ich gar nicht wusste, was ich arbeiten würde, und was mich diesmal dort erwartete. Ich schaute auf die Uhr. Der letzte Bus kam in einer halben Stunde. Ich konnte mich von keinem meiner Familie verabschieden. Ich musste schnell weg ohne meine Mutter zu umarmen oder mindestens tschüss zu sagen.

Ich hatte Angst. Ich hatte große Angst. Ich wollte gar nicht dahin, aber ich musste. Ich fühlte mich irgendwie zerrissen.

Ich wusste gar nicht, wie ich das alles ertragen sollte.

Zum Glück habe ich den letzten Bus erwischt und konnte mich wenigstens von meinem Vater verabschieden.

Seit 2013 reiste ich nur von einem Ort zum anderen und habe

andauernd Leute verabschiedet, die mir nahestanden. Abschied ist immer schwer, als ob das Herz zerspringt.

Es tat mir immer weh.

Nach circa 24 Stunden war ich in Istanbul. Die Stadt, die ich zu hassen gelernt habe und immer noch hasse. Ich kam an und fuhr direkt dorthin, wo ich arbeiten sollte. Ich traf den Chef und sagte ihm, dass ich der neue Arbeiter sei. Er schaute mich an und sagte „Hä, wer sagte dir, dass wir überhaupt einen Arbeiter brauchen??? Nein, du kannst zurückgehen, wo du hergekommen bist. Wir brauchen dich hier nicht."

In diesem Moment wollte ich, dass der Boden sich auftut und mich einfach verschluckt. Ich war wie versteinert. Ich hatte Geld für die Busfahrt ausgeliehen. Was sollte ich jetzt machen? Ich musste ihn überzeugen, dass ich doch arbeiten durfte. Ich sagte ihm, dass ich diese Arbeit brauche und er solle mir bitte eine Chance geben. Ich sagte ihm, dass ich gut arbeite und dass ich sonst auf der Straße schlafen müsse. Er sagte schließlich, ich könne bleiben.

Drei Tage lang habe ich ständig 14 Stunden am Stück gearbeitet wie ein Esel.

Drei Tage lang konnte ich gar nicht mit meiner Familie reden.

Drei Tage lang begleitete mich nur traurige Musik.

Drei Tage lang hatte ich aber die Hoffnung, dass ich den Job kriege und das geliehene Geld zurückzahlen kann.

Nach diesen drei verfluchten Tagen fragte ich ihn wieder, ob ich weiterarbeiten kann. Er sagte „Nö! Ich sagte dir doch, dass wir keine Arbeiter brauchen." Ich war einfach sprachlos. Ich habe wie ein Esel umsonst gearbeitet, denn er hat mir für diese drei Tage auch kein Geld bezahlt.

Ich musste meinen Koffer packen und das Gebäude verlassen. Mit einer großen Tasche lief ich ziellos auf der Straße herum. Ich kannte keinen und keiner kannte mich. Meine Mutter hatte einen entfernten Cousin, der in Istanbul wohnte. Vielleicht konnte ich bei ihm ein paar Tage schlafen, dachte ich, sonst müsste ich auf der Straße schlafen. Ich rief ihn an und beschrieb meine Lage.

Was machte er? Er legte auf. Er legte einfach auf, aber direkt danach rief mich jemand anderes an und sagte, dass er für mich eine Arbeit gefunden hätte. Ich hatte ihn bei diesem missratenen Job kennengelernt. Und obwohl er mich nicht so gut kannte, wollte er mir trotzdem helfen. Vielleicht wurde er von Gott geschickt, denn trotz der vielen Probleme und Rückschläge leuchtete dennoch immer ein Licht am Ende des Tunnels. Die Hoffnung war immer da.

Dieser Junge hieß Abdul. Seinen Namen und sein Aussehen werde ich nie vergessen. Alle, die mir in meinen schwersten Stunden des Lebens halfen, werde ich nie vergessen. Das gilt auch für diejenigen, die mich im Stich gelassen haben.

Ich habe dann bei diesem Job, wieder eine Bäckerei, angefangen. Ich hatte ein Bett zum Schlafen, ich konnte das Geld zurückbezahlen. Ich habe Geld verdient und neue Leute kennengelernt.

Das hört sich gut an, aber es war trotzdem die Hölle. Die Arbeit war nicht besser als vorher: Viele Arbeitsstunden und ein Chef, der ein Mistkerl war. Ich habe die ersten drei Monate fast immer Fehler gemacht, denn ich konnte kein Türkisch. Ich wusste manchmal gar nicht, was er von mir wollte. Ich musste so schnell wie möglich Türkisch lernen, deswegen habe ich angefangen, mir Türkisch mit dem Handy beizubringen. Langsam wurde es besser, aber ich durfte keine Fehler machen. Fehler waren bei dem Chef tabu.

Aber niemand ist perfekt.

Jeder macht Fehler. Mit mir passierten viele Dinge auf der Arbeit, die mir immer in Erinnerung bleiben werden. Dafür bräuchte ich ein ganzes Buch.

Wir hatten einen reichen Kunden, den ich jeden Tag bei uns im Laden sah. Er sah, wie ich jeden Tag wie ein Esel arbeitete. Eines Tages rief er mich zu sich, denn er wollte mir etwas sagen. Er sagte mir: „Hey Junge. Was machst du hier? Du bist noch jung. Geh und suche dir eine bessere Zukunft. Versuch` mal nach Europa zu gehen. Hier wirst du nichts."

Ich habe ihn ausgelacht und sagte ihm, dass ich darüber nicht nachdenke.

Ich sagte ihm, dass ich nach Syrien zurückkehren möchte.

Ich sagte ihm, dass ich immer noch von Syrien träume.

Da ist meine Zukunft, denn da sind meine Familie, Freunde, Schule und alle schönen Erinnerungen, die ich erlebt habe.

Aber ehrlich gesagt, hat er mich zum Nachdenken gebracht, aber das war nicht mein Plan.

Mit jedem Tag, der verging, hatte ich das Gefühl innerlich zu altern. Ich hatte das starke Gefühl, dass ich da sterben werde.

Mir ging es von Tag zu Tag schlechter. Die Welt wurde enger und enger.

Ich habe mir den Tod gewünscht, denn ich merkte, dass mein Leben keinen Sinn mehr hat. Ich habe meine Heimat verloren.

Ich habe meine besten Freunde verloren.

Ich habe meine Schule sowie meine ganze Zukunft verloren.

Mit 15 bin ich ein Mann geworden. Mit 15 habe ich alles versucht.

Etwas Schlechteres als den Tod gab es nicht, obwohl der Tod mir zu dieser Zeit barmherziger erschien.

Mein Charakter, mein Verhalten und mein ganzer Lebensstil wurden durch meine Erlebnisse komplett verändert.

Ich war eine andere Person. Ich kannte mich selber nicht.

Ich hatte immer viele Fragen im Kopf:

Wer bin Ich? Wo bin ich? Wer sind die? Wie geht es weiter?

Jeden Tag dieselben Fragen und niemand konnte sie mir beantworten.

Nach ein paar Monaten habe ich einen Anruf von meinem Vater bekommen. Er sagte mir, dass ich meine Koffer packen und direkt in die Stadt Izmir fahren soll. Die Stadt Izmir liegt am Wasser, nahe zu Griechenland. Er sagte mir, dass ich mit meinen beiden Brüdern nach Europa weiter flüchten soll! „Du hast nicht so viel Zeit, sonst schaffst Du es nicht mehr, mit deinen Brüdern zu gehen."

Zu dieser Zeit hatte ich meine Familie seit langem nicht mehr gesehen. Ich war immer unterwegs und bin es immer noch, doch dieses Mal könnte es für immer sein.

Ich sagte meinem Vater, dass, egal was passieren würde, ich müsse sie noch einmal sehen, bevor ich wegfahre, mindestens für eine Stunde. Ich wollte meine ganze Familie einmal noch umarmen. Vielleicht ertrinke ich unterwegs, dachte ich.

Ich bin zum Glück nicht ertrunken, sonst hätte ich euch dieses Buch nicht schreiben können.

Ich ging zu meinem Chef und sagte ihm, dass ich jetzt zu meiner Familie fahren muss.

Der Chef wollte mich nicht gehen lassen, nicht weil er mich

für eine tolle Person hielt, sondern weil ich wie ein Esel für ihn gearbeitet habe. Er sagte direkt nein. Ich konnte ihm nicht sagen, warum ich zu meiner Familie fahren wollte, denn ich konnte niemandem vertrauen. Er hatte das Gefühl, dass ich den Job verlassen und nie wiederkommen würde. Sein Bauchgefühl war richtig. Ich habe ihn und seinen Job gehasst. Er hat mich nicht fahren lassen. Er sagte immer wieder nein.

Ich musste irgendeine Lüge erfinden, damit er mir glaubt, obwohl ich ein ehrlicher Mensch bin und lügen hasse, aber ich hatte keine andere Wahl. Ich musste lügen, damit ich fliehen konnte.

Ich habe ihm gesagt, dass mein Vater im Krankenhaus sei und ich jetzt los müsste, aber ich käme zurück. Versprochen. Zum Glück war nichts mit meinem Vater, aber ich musste lügen.

Er ließ sich schließlich überreden, sodass ich zu meiner Familie fahren konnte und er mir auch mein Gehalt gezahlt hat. Er gab mir eine Woche Zeit, wieder zurückzukommen, sonst käme er mich abholen, sagte er mir. Das war mir vollkommen egal, ich kam nie zurück.

Ich fuhr zu meiner Familie und habe nicht nur meinen Chef angelogen, sondern meine Freunde auch. Ich habe keinem gesagt, dass ich ganz weit weg flüchten würde.

Ich wusste selber nicht, ob ich wirklich fliehen sollte.

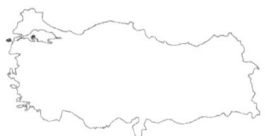

Ich wollte zurück. Zurück nach Syrien. Zurück in meine Heimat.

Fliehen bedeutete: ein unbekannter Ort für mich, eine unbekannte Sprache, unbekannte Menschen, unbekannte Kultur und eine unbekannte Lage.

Aber ich hatte keine andere Wahl. Meine Heimat war weg.

Dieser unbekannte Weg war die letzte Hoffnung.

Nach einer langen Fahrt kam ich bei meiner Familie an. Ich konnte nur für 24 Stunden bleiben – das war sehr wenig Zeit. Nach 24 Stunden stand ich auf und verabschiedete mich von meinen Eltern sowie meinen Geschwistern und fuhr mit meinen zwei Brüdern und einem Cousin zu der türkischen Stadt Izmir. Da sollten wir abgeholt werden und mit dem Boot nach Griechenland übersetzen. Es war sehr hart.

Meine Mutter hat viel geweint. Mein Herz zerriss.

Ich konnte meine Mutter nicht weinen sehen.

Das war mir zu viel. Ich wollte eigentlich nicht nach Europa. Ich wollte mit meiner Familie nach Rakka. Ich konnte unsere Lage nicht begreifen. Ich konnte es einfach nicht glauben…

Es war wie ein Film oder ein Traum, der kein Ende kannte!

Alles war mir egal. Ich war wie tot.

Ob ich sterbe oder lebe, es war mir völlig egal!!!

Ob ich reich oder arm war, es war mir völlig egal!!!

Ob ich zur Schule ging oder nicht, es war mir völlig egal!!!

Ich wollte nur, dass dieser ganze Scheiß aufhört!!!!!

Ich war innerlich fertig. Meine Welt wurde enger, schlimmer und dunkler. Ich war immer nur unterwegs. Ich hatte kein festes Zuhause mehr.

Also ich fühlte mich nirgendwo mehr zuhause.

Ich wollte nur noch Ruhe haben und ich glaubte in dem Moment, ich könnte diese Ruhe nur im Sarg in meinem Grab fühlen. Es könnte sein, dass da mein Zuhause ist, denn dieser Albtraum kannte kein Ende und keine Pause.

Als wir damals von Rakka in die Türkei flohen, wollten wir nur ein paar Monate außer Landes bleiben, um sobald wie möglich nach Syrien zurückzukehren. Wir ließen ein schönes Zuhause und ein bis dahin gutes Leben zurück. Mein Vater hatte seinen Job verloren, wir galten als Hochverräter der Heimat und mussten um unser Leben fürchten, wenn wir in die Hände von Assads Armee geraten wären. Wir galten für den IS als „Ungläubige", denn wir hatten den Islamischen Staat verlassen und wären ermordet worden, wenn wir dem IS in die Hände gefallen wären.

In der Türkei konnte man irgendwie überleben, aber es gab dort keine Zukunft für mich. Ich war nun 16 Jahre alt, für die

Schule fehlte das Geld. Ich hatte mehrere Jobs, wurde ausgebeutet und hatte als syrischer Geflüchteter dort keinerlei Rechte. Meine psychische Verfassung war erbärmlich. Der Tod erschien mir wie eine Erlösung.

Nun sollte ich diesem Elend also zusammen mit zwei Brüdern und einem Cousin nach Europa entfliehen. Meiner Familie war es gelungen, eine Eigentumswohnung in Syrien zu verkaufen. Das Geld musste für die Flucht für uns drei reichen. Wir spielten unsere letzte Karte aus: Tod im Mittelmeer oder ein menschenwürdiges Leben in Sicherheit.

Kapitel 3: Der Fluchtweg
Griechenland | Mazedonien | Serbien | Ungarn | Österreich | Deutschland

Wir sind in Izmir angekommen. Es war der 18. August 2015. Die Sonne schien und die Stadt war voller Menschen. Menschen, die auch fliehen wollten. Menschen, die auch alles verloren aber die letzte Hoffnung behalten hatten.

Frauen und Männer, Kinder und Alte, Arme und Reiche, Behinderte und Gesunde waren alle auf dem Fluchtweg wie ich. Die Menschen haben in aller Öffentlichkeit Rettungsreifen und Westen gekauft. Es war eine normale Situation für viele - auch für die Einheimischen, denn sie haben diese Rettungsreifen und die Westen an uns verkauft. Viele Händler haben dadurch viel Kohle gemacht. Man konnte einfach in die Läden gehen und alles, was man für die Flucht brauchte, kaufen. Man konnte sich sogar die Rettungsreifen-Marke aussuchen.

Man konnte alles kaufen, außer das Boot. Das war die Aufgabe der Schmuggler.

Zwischen der Türkei und Griechenland liegt das Mittelmeer. Ein Meer, das viele Menschen umarmt hat und ihnen das Leben nahm. Dieses Meer unterscheidet nicht zwischen Frauen, Männern oder Kindern.

Es hat alle eng umarmt.

Viele sind vor dem Tod in Syrien und aus anderen Kriegsgebieten geflohen, aber sie kamen nicht weiter, weil sie im Meer ertrunken sind. Aber vielen war das egal.

Dieser Weg war die letzte Hoffnung. Schlimmeres als den Tod gab es nicht.

Genauso haben wir es empfunden, nicht ich allein, sondern auch meine zwei Brüder und mein Cousin.

Es wäre mir lieber gewesen, dass ich sterbe, als dass ich sie sterben sehen müsste. Ich wollte dieses Gefühl nicht erleben. Einer meiner Brüder ist zu dieser Zeit erst 13 Jahre alt gewesen. Er war die ganze Zeit ruhig. Er wusste nicht wohin die Reise ging. Ich ehrlich gesagt auch nicht. Ich wusste gar nicht, was uns auf der anderen Seite erwartet. Aber dieser Weg war die letzte Hoffnung, deswegen blieben wir stark.

Meine Eltern machten sich große Sorgen um uns, besonders um meinen kleinen Bruder. Er war noch klein und noch nicht bereit, so etwas zu erleben. Ehrlich gesagt, ich auch nicht. Offen gesagt, war niemand bereit für sowas. Es war eine Frage des Schicksals. Entweder man stirbt oder man überlebt.

Die Sonne ging unter. Wir wurden angerufen und sollten auf einer Straße warten, wo wir von dem Schlepper abgeholt werden sollten. Die Straße war direkt neben dem Meer. Das Meer war sehr groß und dunkel. Ich habe mir diese schöne Aussicht angeguckt. Es war wirklich sehr schön aber gleichzeitig eben auch sehr gefährlich.

Es war eine gespenstische Schönheit. Ich konnte dem Meer nicht vertrauen, weil ich ganz genau wusste, dass es meine

Seele und die Seelen meiner Brüder an sich reißen könnte. Ich hatte gelernt, nichts und niemandem in dieser Welt zu vertrauen.

Ich habe mich zu diesem Zeitpunkt tausendmal gefragt, warum ich überhaupt dort war. Wohin soll ich?

Was erwartet mich?

Ich habe immer geträumt nach Syrien zurückzukehren und jetzt auf einmal will ich nach Europa? Ganz weit weg?

Ohne meine Familie und meine Freunde?

Aber die ganze Welt kämpft gerade in Syrien. Meine Heimat liegt in Trümmern. Meine Stadt wurde zu dieser Zeit vom IS besetzt. Bomben, Raketen, und Zusammenstöße.

Ich hatte keine andere Wahl.

Das dunkle Meer war mir viel lieber und es war barmherziger als der IS und die ganzen Konfliktgruppen, die gerade meine Heimat kaputtmachten oder schon kaputtgemacht hatten.

Es war so weit. Die Schlepper waren schon da, um uns abzuholen und uns zu dem Strand zu bringen, wo das Boot sein sollte. Wir kannten die Schlepper nicht und sie uns auch nicht, aber wir sind trotzdem zu denen ins Auto gestiegen.

Es war ein komisches Gefühl. Früher wurde uns immer gesagt, dass wir Fremden nicht vertrauen sollten, aber zu dieser Zeit waren unsere Seelen in den Händen dieser Fremden.

Wir sind in einen LKW eingestiegen und fuhren fort. Ich hatte so viele negative Gedanken in meinem Kopf, z.B. dass die Leute, die uns gerade fuhren, uns unsere Organe klauen und weiterverkaufen würden, anstatt uns in das Boot zu bringen. Oder, dass wir von der türkischen Polizei festgenommen würden, weil wir illegal nach Europa flüchteten. Aber man kann ja nur illegal flüchten, denn man kann nicht zum Flughafen gehen und sagen, dass man irgendwohin flüchten möchte.

Aber zum Glück waren meine Gedanken falsch. Unsere Organe wurden nicht geklaut und nicht weiterverkauft wie bei vielen anderen. Wir sind dort sicher am Strand angekommen. Es waren viele Menschen da. Alle wollten wegfahren.

Alle hatten Träume und Ziele. Alle wollten diesen Weg nehmen, aber es war sehr dunkel und man konnte diesen Weg nicht sehen. Aber man konnte den Tod spüren. Der Tod verfolgte uns überall.

Das Meer war sehr groß, es würde für uns alle ausreichen und könnte uns geräuschlos schlucken. Das Meer war das einzige, das uns umarmen wollte. Es wollte uns ganz eng umarmen. Es schnürte uns die Kehle zu.

Endlich sah ich das Schlauchboot. Es war ungefähr sieben Meter lang. Alle mussten sich vorbereiten und sich die Rettungswesten anziehen, denn es konnte sein, dass das Boot unterwegs umkippt oder dass jemand rausfällt.

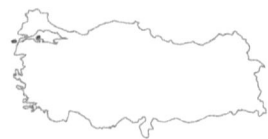

Ich war von der Situation plötzlich vollkommen überfordert, sodass ich mir die Rettungsweste nicht anziehen konnte. Ich konnte gar nicht glauben, dass ich da war. Ich wollte wegrennen. Ich bin ein paar Schritte nach hinten gelaufen, aber es hat nichts gebracht. Ich hörte nur einen Schrei: „Schnell!" „Schnell!"

Das war mein ältester Bruder. Er hat meinem kleinen Bruder und mir die Weste angezogen und sie fest zugemacht.

Diese Situation kann ich nie vergessen.

Ich war tot. Innerlich tot. Die Seele war tot. Ich habe nichts mehr verstanden.

Das Boot lag schon vor meinen Augen. Wir mussten schnell rennen und schnell ins Boot einsteigen.

Wir waren viele Menschen dort. Ich konnte sie nicht zählen, aber es waren viele. Dieses Boot konnte diese Massen von Menschen nicht alle mitnehmen,

Die Schlepper kauften die Boote. Das Meer trug die Boote, und Menschen starben in diesen Booten. Wir nicht, aber viele andere leider schon.

Das Boot war schon im Wasser, sodass man durch das Wasser laufen musste, um einsteigen zu können. Alle rannten und rannten. Wir auch.

Das Wasser ging bis zu meinem Hals.

Mein ältester Bruder und ich wollten sicher sein, dass mein

kleiner Bruder zuerst einstieg. Zum Glück hatte er es geschafft, und er hat einen Platz bekommen. Dann folgten ihm
mein anderer Bruder und mein Cousin.

Ich blickte mich um. Viele Menschen sind zurück zum Strand
gegangen. Die hatten es nicht geschafft, ins Boot einzustei-
gen, ich auch noch nicht. Ich musste es aber schaffen. Ich habe
versucht zu springen, aber es ging nicht.

Es war sehr hoch… Es war sehr voll.

Aber da war mein Bruder wieder da, der mich nicht im Stich
gelassen hat. Irgendwie konnte ich durch seine Hilfe einsteigen.

Das Boot war mit ungefähr 45 Menschen überfüllt.

Es gab keinen Platz zum Sitzen.

Die, die schon am Rand saßen, hatten die VIP Plätze.

Ich zum Beispiel hatte das nicht.

Irgendwie war ich in der Mitte des Bootes und lag, sodass ich
nur meinen Nacken bewegen konnte. Mein ältester Bruder
und mein Cousin saßen schon. Mein kleiner Bruder stand vor
mir und hielt seinen Rettungsreifen in der Hand, dessen Stan-
ge in meinem Knie steckte. Unter meinem Rücken gab es ein
anderes Knie, das sich in meinen Rücken bohrte. Auf meinem
Bauch lagen zwei oder drei Kinder. Langsam merkte ich die
Schmerzen.

Außerdem hatten wir keinen vernünftigen Fahrer, der uns

nach Griechenland in Sicherheit bringen konnte. Die Schlepper schickten keinen Fahrer dazu, der das Boot steuern sollte. Der Fahrer sollte einer von uns sein. Und der, der das Boot fuhr, musste kein Geld bezahlen. Es war halt ein Angebot von den Schleppern. Deshalb meldeten sich viele, um das Boot zu fahren, obwohl sie noch nie im Leben ein Boot gesteuert hatten, aber sie haben sich trotzdem gemeldet, um ein bisschen Geld zu sparen. Vielleicht vergaßen sie dabei, dass wir alle sterben müssten, wenn sie beim Fahren versagen würden.

Der Erste meldete sich und machte sich bereit, das Steuer zu übernehmen, was er aber gar nicht konnte. Er hat uns nur im Kreis gefahren. Ich wusste nicht, ob ich jetzt lachen, weinen oder schreien sollte, weil ich überall Schmerzen hatte.

Der Nächste meldete sich, und er war zumindest so ehrlich, dass er sagte, er würde es versuchen.

Er hat in diesem Moment gelernt, wie man so ein Boot fährt, was 45 Menschen trug und jeder Zeit kaputtgehen konnte. Die Motorstange nach rechts drehen hieß, das Boot lenkte nach links, und nach links drehen hieß, das Boot drehte sich nach rechts. Man musste sich einfach daran gewöhnen. Ich dachte mir, es wäre einfach, aber es war nicht einfach, denn der Fahrer hatte eine große Verantwortung.

Das war einer von vielen Gründen, warum Menschen im Meer ertrunken sind.

Gott sei Dank fuhr das Boot ohne Probleme, bis der Motor plötzlich nicht mehr funktionierte.

Auf einmal waren wir mitten auf dem Wasser und konnten die Lichter aus Griechenland sehen.

Alle hatten Angst. Wir hatten keinen ausgebildeten Fahrer und einen Schrott-Motor!

Das war auch ein Grund von vielen Gründen, warum Menschen zu dieser Zeit ertrunken sind. Irgendwie ging unser Motor wieder an. Er war zwar sehr billig, aber er hat zum Glück doch noch funktioniert.

Wir sind weitergefahren, und ich hatte auch weiter Schmerzen. Mein ganzer Körper tat mir weh. Ich habe laut geschrien. Ich habe versucht, mich ein bisschen zu drehen, sodass ich meinen Körper bewegen könnte, aber ich war wie gelähmt. Ich konnte weiterhin nur meinen Nacken bewegen.

Alle hatten Angst. Sogar der Mond hatte Angst.

Er hat sich versteckt und hat uns auf dem Boot im Stich gelassen. Es war dunkel und kalt.

45 Menschen waren in einem kleinen Boot im Mittelmeer.

Der Platz war sehr eng. Ich konnte kaum atmen und die Schmerzen gar nicht mehr ertragen.

Ich wollte ins Wasser springen und weiter schwimmen, aber die anderen sagten mir: „Wir sind fast da", aber das stimmte nicht.

Griechenland war noch weit entfernt, nur der Tod war immer sehr nah.

Einige im Boot haben die Nerven verloren, sodass zwei Leute auf die Idee kamen, im Boot zu streiten. Dass sie sich vielleicht kaputtschlagen würden, war allen egal, aber das Problem war, wenn einer sich falsch bewegt hätte, wären wir alle gestorben. Das Boot konnte jeden Moment umstürzen.

Deshalb waren die Leute sehr unruhig.

Der erste Schritt war, die türkische Grenze zu überstehen, denn wenn wir innerhalb der türkischen Gewässer gesehen würden, würden wir zur Türkei zurückgeschickt und kämen nicht nach Griechenland, wie es geplant war. Nach mehr als einer Stunde hatten wir die türkische Grenze überquert. Das hieß, wenn die griechische Marine uns sehen würde, würden wir nach Griechenland gebracht werden. Alle Leute im Boot begannen zu schreien. Vielleicht hörte uns niemand, aber anscheinend interessierte sich auch niemand für unser Boot. Ein großes Schiff ist an uns vorbeigefahren. Nach mehreren Stunden konnten wir den Strand der griechischen Insel sehen. Es war eine kleine „Titanic Reise", aber zum Glück war unser Ende nicht wie das der Titanic.

Wir sind nicht gestorben. Wir sind sicher auf der Insel angekommen. Ich konnte das nicht glauben.

Niemand konnte es glauben, als das Boot auf den Strand der

griechischen Insel stieß. Alle sind ausgestiegen. Ich war der Letzte, der aussteigen konnte, denn ich lag. Ich bin schnell aufgesprungen und ausgestiegen. Alle schrien und holten ihre Handys raus und fingen an, Selfies zu machen.

Einige haben das Boot direkt kaputt gemacht.

Das war normal, das Boot kaputtzumachen, denn es konnte sein, dass wir gezwungen würden zurück zur Türkei zu fahren. Direkt sahen wir Einheimische, die zu uns kamen, aber nicht um uns zu helfen, sondern um den Motor des Bootes abzuholen.

Alle schrien und küssten den Boden.

Ich war auf der Suche nach meiner Kleidung, die ich im Boot gefunden habe. Alles war nass. Ich war nass. Meine Brüder waren nass, aber das war uns egal.

Wir konnten endlich den Boden anfassen.

Aber wir waren nicht die Einzigen auf dieser Insel. Es gab viele, die auch dort oder auf einer anderen Insel angekommen sind. Viele sind leider auch ertrunken. Wir hatten Glück, wir lebten noch. Wir wussten gar nicht, wo wir jetzt hingehen sollten. Ich wusste gar nicht, wie es sein konnte, dass ich noch immer am Leben war. Ich konnte es gar nicht fassen. Gott hätte meine Seele in jedem Moment zu sich holen können, aber das hat er nicht getan. Der Tod war mir sehr nah.

Wir sind sogar gute Freunde geworden. Er hat mich verstanden und ich habe ihn verstanden, so fühlte es sich an. Wir waren immer zusammen, aber er hat mich nicht mitgenommen. Ich bin im Krieg nicht gestorben und im Wasser nicht ertrunken. Ich habe keinen Bruder und kein Körperteil verloren. Ich habe aber vieles andere verloren.

Ich habe meine Heimat verloren.

Ich stand da, heimatlos und innerlich kaputt auf dieser Insel. Die Hoffnung in mir war aber nicht tot.

Denn Schlimmeres als den Tod gab es nicht, und vor dem Tod hatte ich keine Angst.

Wir sind ahnungslos weitergelaufen, bis irgendjemand die Polizei angerufen hat. Die Polizei sah uns und musste einen großen Bus holen, damit sie uns ins Camp bringen konnten. Es hat etwas gedauert, bis der Bus kam. Irgendwie bin ich am Straßenrand eingeschlafen. Die Tüte mit meiner Kleidung war meine Kissen.

Es war dunkel, um die drei Uhr nachts. Ich habe sehr gefroren. Ich habe dann nichts mehr gemerkt, bis irgendjemand mich geweckt hat. Wir sind alle in den Bus eingestiegen und ins Camp gefahren.

Das Camp bestand einfach aus ein paar Zelten, die nur von einer Seite bedeckt waren. Aber wir wollten nicht in Griechenland bleiben. Niemand wollte in Griechenland bleiben. Griechenland war uns zu nah an der Türkei. Die Türkei und Griechenland hatten immer schon Konflikte. Auch Griechenland wollte nicht, dass wir bleiben. Aber man konnte Griechenland nicht verlassen, ohne dass man ein paar bürokratische Dinge erledigte. Wir waren ja auf einer Insel. Sie heißt übrigens Chios. Deshalb sollten wir mit einem Touristen-Schiff zum Festland fahren und dann weiter mit dem Bus bis zur griechisch-mazedonischen Grenze. Es war das einzige Schiff, das in diese Richtung fuhr, und es steuerte die Insel nur einmal pro Woche an.

Wenn man mit dieser Jacht fahren wollte, musste man ein Papier von der Polizei haben, mit dem man sich innerhalb von Griechenland bewegen durfte. Das ist selbstverständlich. Jedes Land will doch wissen, wer reinkommt und wer rausgeht. Die Papiere haben wir schnell bekommen, aber die Schiffsreise zu buchen, war nicht einfach, weil es viele Menschen gab, die mitfahren wollten. Wir haben uns beim Reisebüro gemeldet. Man sagte uns, dass wir mit dem Schiff schon reisen könnten, aber wir müssten lange warten. Am Montag könnten wir fahren.

Das hieß, wir mussten drei Nächte in Griechenland verbringen. Es war teuer in einem Hotel zu schlafen, aber das war nicht das Hauptproblem. Es war leider unmöglich auf dieser Touristen-Insel ein freies Zimmer zu finden. Es war August und die Insel war wohl ausgebucht. Deshalb mussten wir auf der Straße schlafen, bis wir unsere Reise antreten konnten. Es war ein grausames Gefühl. Ich habe noch nie in meinem Leben auf der Straße geschlafen.

Es war sehr kalt in der Nacht, obwohl Sommer war. Und wenn mich jetzt jemand fragen würde, warum wir nicht im Camp geschlafen haben, sage ich dir warum: Das Camp war ein Notlager und bestand nur aus Zelten, die schon voll mit Frauen und Kindern waren und die nicht genügend Platz hatten.

Aber wir wussten schon vorher, dass es kein einfacher Weg sein würde. Wir haben eine Nacht auf der Straße geschlafen und eine in einem Garten zwischen dem Gras. Wir haben uns fest umarmt, um uns gegenseitig zu wärmen, aber es war trotzdem sehr kalt. Es waren Nächte ohne Decken und Wärme.

Wir waren nicht die Einzigen. Es waren viele Menschen da, die unter der Kälte gelitten haben. Straßen und Gärten waren voll mit Menschen, die nur ihre Seele und Hoffnungen dabeihatten.

Der Himmel und die Sterne waren unser einziges Dach.

Die dritte Nacht sollten wir eigentlich auch in Griechenland übernachten, aber es hatte sich etwas verändert oder es wurde absichtlich verändert, wer weiß.

Wir wollten beim Reisebüro nachfragen, wann genau das Schiff kommt. Da hieß es plötzlich: „Ihr könnt eigentlich heute schon abreisen, wenn ihr wollt, aber ihr müsst mehr bezahlen." Wir waren wieder nicht die Einzigen. Die Reisebüros haben durch so einen Trick viel Kohle gemacht.

Wir hatten keine andere Wahl. Entweder mehr bezahlen oder mehr Kälte ertragen. Scheiß auf das Geld. Wir freuten uns, dass wir die nächste Nacht warm schlafen könnten - also in einer Kabine des Schiffes, aber das war leider nicht der Fall: Unser reserviertes Zimmer war der Balkon des Schiffes. Aber das war uns auch egal. Wir wurden mal wieder verarscht, aber der Weg ging weiter.

Es gab Schlimmeres. Wir hatten noch Hoffnung.

Auf diesem Schiff gab es viele Menschen, die verschiedene Gesichter und Geschichten hatten. Wir haben viele Menschen kennengelernt und viele haben uns kennengelernt.

Es war ein grausames, skurriles, dunkles Abenteuer.

Wenn uns sehr kalt war, gingen wir ins Schiffsinnere, um uns aufzuwärmen. Wir haben so getan, als ob wir was kaufen wollten. Unsere Reise hat etwa acht Stunden gedauert, bis

wir bei der Stadt ankamen, die nahe an der mazedonischen Grenze lag. Dort sollte es ernst werden.

Diese Grenze zu überqueren, war viel schlimmer als die Kälte in Griechenland zu ertragen.

Von dieser Stadt bis zur mazedonischen Grenze mussten wir den Bus nehmen. Das war auch nicht einfach. Denn wie schon erwähnt, gab es dort sehr viele Menschen. Wir mussten lange warten, bis wir einen Platz im Bus bekommen konnten. Wir haben Plätze reserviert und in der Wartezeit haben wir eine Dönerpause gemacht. Wir hatten großen Hunger. Es ging weiter. Weiter ins Ungewisse.

Irgendwann würde ich Griechenland gern wieder besuchen und zu denselben Orten gehen wollen, wo ich gegessen und geschlafen habe. Ich würde das gleiche Schiff nehmen aber in einem ganzen normalen Zimmer.

Ich werde bestimmt anders behandelt werden, als damals, obwohl ich dieselbe Person bin! Jetzt habe ich aber gesetzlich die gleichen Rechte wie alle anderen Menschen und muss gleich behandelt werden wie alle anderen Menschen. Da ich damals noch nicht vom Gesetz anerkannt war, wurden die Menschenrechte bei mir auf dem Weg in manchen Ländern nicht beachtet.

Also ein Stück Papier sichert uns unsere Rechte, ohne sind wir Menschen ohne Rechte!

Zurück zum Thema:

Unsere Dönerpause war zu Ende.

Wir stiegen in den Bus und nach ein paar Stunden sind wir angekommen. Es gab einen großen Wald zwischen Mazedonien und Griechenland. Wir mussten den Wald durchqueren, dann kreuzte eine Zugstrecke unseren Weg, und hinter der Zugstrecke war die mazedonische Grenze. Ich konnte nicht glauben, dass ich das alles gerade wirklich machte.

Wir wussten auch nicht, wie die Polizei auf uns reagieren würde, wenn sie uns sehen würde. Die griechische Polizei war eigentlich sehr hilfsbereit. Vielleicht, weil sie schon wussten, dass wir nicht in Griechenland bleiben würden.

Wir konnten die mazedonische Flagge endlich sehen. Wir waren nah am Ziel.

Wir wurden von verschiedenen Leuten gewarnt, weiterzugehen, weil ein paar Tage vorher viele Menschen von der mazedonischen Armee zusammengeschlagen worden sind. Bei uns würde es auch nicht anders sein.

Wir waren nun so nah, dass die Soldaten uns sehen konnten. Sie waren bewaffnet und sehr unfreundlich. Sie riefen uns zu, dass wir kommen sollten. Die Soldaten liefen mit der Waffe hinter uns her und sammelten uns alle an einem Ort.

Entweder wollten sie uns alle zusammenschlagen oder ins Gefängnis schicken.

Wir haben überlegt wegzurennen, hatten aber keine Chance. Es waren viele Soldaten da, die uns gerne geschlagen hätten. Zum Glück war aber eine UN-Organisation da, die uns in Schutz nahm, deshalb mussten die mazedonischen Soldaten sich an Menschenrechte, demokratische und internationale Werte halten. Als sie die Gruppe, die ein paar Tage vor uns dort angekommen war, zusammengeschlagen hatten, war diese Organisation nicht da.

Nach ein paar Stunden konnten wir zum Glück nach Mazedonien rein. Es gab einen Zug, der direkt bis zur serbischen Grenze fuhr. Doch dieser Zug war voll, sodass er ohne uns abfuhr.

Wir mussten dann den Bus bis zur serbischen Grenze nehmen. Nach einer langen Reise sind wir aus dem Bus ausgestiegen.

Mittlerweile was es dunkel und kalt. Auch hier gab es einen
großen Wald und viele Soldaten an der Grenze. Wie wir es
schon an der mazedonischen Grenze gemacht hatten, machten wir es auch an der serbischen Grenze. Wir sind einfach
durch den Wald gelaufen. Wohin genau, wussten wir nicht.
Der Weg sollte irgendwie Richtung Serbien führen. Wir haben die Grenze erfolgreich überquert.

Die serbische Polizei war vor Ort und nahm uns mit zu einem Camp, das voll mit Menschen und Zelten war. Das Camp lag außerhalb einer kleinen Stadt. Wir waren sehr müde und versuchten zu schlafen, aber die Kälte war stärker als unsere Müdigkeit. Es war sogar noch kälter als in Griechenland. Wir haben verstanden, dass wir in Richtung Stadt laufen sollten. Dort sollte es einen Bus geben, der uns abholen und mit zur Polizeiwache nehmen sollte. Dort sollten wir gültige Papiere bekommen, damit wir uns frei in Serbien bewegen konnten. Diese Papiere erlaubten uns, Busse zu nehmen und in Hotels zu schlafen, ohne von der Polizei verhaftet zu werden. Nach einer langen Wartezeit konnten wir schließlich unsere Papiere in Empfang nehmen und mit dem Bus nach Belgrad fahren.

Mitten in der Stadt Belgrad gab es einen großen Park, wo viele Geflüchtete gezeltet haben. Die Leute haben da einfach geschlafen, geduscht, gestritten und gegessen. Das war unfassbar!

Es gab viele Leute da, die aus Ländern kamen, wo es eigentlich keinen Krieg gab. Wir wollten so schnell wie möglich ein Hotel finden, wo wir erst mal eine Pause machen und uns nach diesem langen Weg ausruhen konnten. Nachdem wir uns ausgeruht hatten, sollte der Weg weitergehen, aber der Weg wurde gefährlicher. Ungarn hatte keinen guten Ruf für seinen Umgang mit Flüchtlingen.

Aber nun mussten wir erst mal in Belgrad ein Hotel finden. Das war auch nicht einfach. Wir waren auch mehr geworden. In Serbien haben wir ein paar Freunde von uns getroffen. Wir waren jetzt acht Leute, die die ungarische Grenze zusammen überqueren wollten.

Es gab viele falsche Leute in Belgrad, die versucht haben, uns Hotels anzubieten, aber man konnte niemandem vertrauen. Zum Glück konnten wir ein Hotelzimmer finden.

Das war ein ganz besonderes Gefühl.

Wir haben alle acht in dieser Nacht geduscht, gegessen, die Kleidung gewechselt. Ich konnte sogar in Ruhe zum Klo. Ich hatte sieben Tage lang keine vernünftige Toilette gefunden. Wir haben sogar extra das Essen vermieden, weil es schwierig war, eine Toilette zu finden.

Am nächsten Tag sollten wir einen Bus bis zur ungarischen Grenze nehmen. Der Bus war voll. Unsere Köpfe auch.

Wir haben uns Sorgen gemacht, weil wir viel Schlimmes von Ungarn gehört hatten.

Als wir schließlich die ungarische Grenze erreichten, wurde es langsam dunkler und gefährlicher.

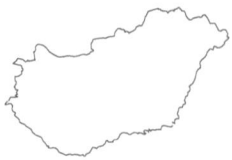

Wir beschlossen, der Zugstrecke zwischen Serbien und Ungarn zu folgen. Als wir da waren, konnten wir direkt die ungarischen Soldaten sehen. Es waren nur ein paar Meter zwischen uns. Die Soldaten haben uns die ganze Zeit beobachtet. Die Grenze war dicht, wir durften nicht einfach rein. Es waren viele Menschen vor und hinter uns. Der Weg verlief in der Mitte zwischen zwei großen, hochgewachsenen Maisfeldern. Auf dem Weg sahen wir auf einmal eine Lücke, die unsere letzte Hoffnung war. Kopflos rannten wir so schnell wir konnten in diese Lücke des Feldes hinein, obwohl wir wussten, dass wir kaputtgeschlagen und ins Gefängnis gebracht würden, wenn wir da festgenommen würden. Es war eine Sekunden-Entscheidung. Ich hatte große Angst. Wir alle hatten Angst. Aber unsere Hoffnung war größer als unsere Angst, sodass wir einfach weitergerannt sind. Wir rannten und rannten, aber wir hatten keine Ahnung, wo der Weg uns hinbringt. Wir wussten aber eins: Wir wollten nicht in Ungarn bleiben. Die Ungarn wusste das auch schon. Wir rannten weiter, bis plötzlich ein Mann im Dunklen vor unseren Augen stand und sagte: „Come follow me - I will help you!"
Wir wussten gar nicht, wer der war und ob er uns wirklich helfen würde, aber wir hatten keine andere Wahl. Wir wussten aber, dass ein paar Schmuggler an den Grenzen mit ihren Autos verteilt waren, um Flüchtlinge nach Budapest zu trans-

portieren, gegen Geld natürlich.

Wir rannten mit ihm zum Auto, ohne zu wissen, wieviel er wollte. Wir waren acht Leute. Wir sind von hinten in ein großes Auto eingestiegen. Unterwegs sagte er uns, dass er von jedem von uns Geld will, sonst macht er irgendwas Schlimmes mit uns. In diesem Moment hat man keine andere Wahl und keine Zeit zu überlegen, ob das, was er mit uns macht, fair ist. Unser Schicksal interessierte ihn nicht. Er wollte nur unser Geld. Wir wussten gar nicht, ob er uns wirklich nach Budapest fahren würde.

Nachdem er sein Geld bekommen hatte, fuhr er uns tatsächlich bis Budapest - immerhin. Er hat uns auf einem Parkplatz rausgelassen und haute ab. Wir standen da, ohne zu wissen, wo wir waren. Nach einer halben Stunde fuhr ein Taxi in unsere Richtung und machte uns das Angebot, uns alle in ein Hotel zu fahren. Der Fahrer wollte von jedem von uns 100,- €, was uns zu viel war. Wir haben sein Angebot abgelehnt und nach ein paar Minuten änderte er seine Meinung und wollte nun von jedem nur noch 25,- €. Wir sind eingestiegen und fuhren ins Hotel. Da haben wir alle zusammen eine Nacht in einem Zimmer geschlafen.

Am nächsten Tag fingen die Hotelmitarbeiter an, uns zu drohen, wenn wir ihnen nicht mehr Geld bezahlten.

Aber wir haben das Hotel sofort verlassen und sind zu

jemandem gefahren, der uns gegen Geld durch die Grenzen nach Deutschland fahren sollte, also ein Schlepper!

Wir hatten keine andere Wahl, als diesen letzten Schritt auch noch zu gehen, denn die Menschen in Ungarn haben versucht, uns auszunutzen und zu bedrohen. Vielleicht gibt es auch anständige Menschen in Ungarn, aber alle, denen wir in Ungarn begegnet sind, waren böse Menschen und Rassisten. Als Flüchtling will man nicht in Ungarn bleiben und leben! Aus diesem Grund wollten wir keine einzige Sekunde mehr in Ungarn verbringen.

Wie immer waren wir nicht die Einzigen, die nicht in Ungarn bleiben wollten. Es waren ungefähr 40 Menschen, die mit uns in einem großen Auto fahren sollten. Wir sind ins Auto eingestiegen und sollten spät in der Nacht losfahren. Der Fahrer hatte wohl unterwegs irgendwie Angst bekommen, hat auf eine Zugstrecke, auf den Gleisen, angehalten und ist abgehauen. Zum Glück fuhren keine Züge in der Nacht in Budapest. Jemand von unserer Gruppe hat beim Schmuggler angerufen und ihm die Situation erklärt. Er hat uns jemand anderen geschickt, der uns erst einmal woanders hingefahren und dort gelassen hat. Das sollte wohl eine Art Sicherheitsmaßnahme sein, glaube ich zumindest.

Nach ungefähr fünf Stunden fuhren wir schließlich los Richtung Deutschland.

Die Luft war schwer und der Platz war eng.

Die Kinder haben geweint und von der Decke des Autos hat es die ganze Zeit getropft. Den Fahrer, den wir gar nicht sahen, nahm die Autobahn Richtung Deutschland.

Er fuhr richtig schnell, als ob er einen Krankenwagen fahren würde.

Nach ein paar Stunden hatten wir es endlich geschafft.

Wir kamen in Passau an. Der Fahrer hat uns rausgelassen und fuhr schnell weg.

Wir hatten null Vertrauen in irgendjemanden. Ich habe direkt die Autoschilder angeguckt um zu überprüfen, ob wir wirklich in Deutschland sind. Es stand überall „D".

Ich sagte zu meinem Bruder: „Wir wurden verarscht, wir sind in Dänemark und nicht in Deutschland." Ich dachte immer, dass Deutschland „Germany" heißt, das Wort „Deutschland" kannten wir gar nicht. Das habe ich erst später erfahren, deshalb suchte ich auf den Nummernschildern nach „GE". Wir wussten fast nichts über Deutschland. Außer, dass die guten Autos aus Deutschland kamen.

Aber wir waren wirklich in Deutschland, in Passau.

Wir sind angekommen. Alle sind lebend und unverletzt angekommen. Nach langen, schrecklichen elf Tagen waren wir endlich in Deutschland. Warum aber Deutschland? Das wirst Du am Ende des Buches erfahren.

Kapitel 4: Deutschland

Uns wurde von vielen gesagt, dass wir nach Münster gehen sollen, warum wussten wir nicht, wir haben einfach auf die Empfehlung anderer gehört.

Wir haben also den Zug genommen und sind von München nach Münster gefahren. Unterwegs hatten wir Durst und wollten Mineralwasser im Zug kaufen, aber wir wussten nicht, dass Wasser mit Kohlensäure in Deutschland sehr beliebt ist. Das war das schlimmste Wasser das ich in meinem ganzen Leben getrunken habe. Für 3,50 Euro, nie wieder würde ich kohlensäurehaltiges Wasser kaufen. Das war das erste, was ich in Deutschland gelernt habe.

Nach vielen Stunden Bahnfahrt sind wir zum Glück sicher in Münster angekommen. Es war wolkig und hat geregnet, und das Erste, was uns auffiel in dieser Stadt waren die vielen Fahrräder. Heute weiß ich, dass Münster dafür bekannt ist.

Wir wussten gar nicht, wo wir waren und wo wir hin mussten. Wir sind einfach in die Stadt gelaufen, auf der Suche nach Menschen, die uns helfen. Zum Glück haben wir dann eine Polizeiwache gefunden, die uns aufgenommen hat.

„Welcome in Germany" waren die ersten Worte, die ein Polizist zu uns sagte.

Da wussten wir, dass wir endlich in Sicherheit sind und uns keine Sorgen mehr machen mussten - ein wunderbares Gefühl nach all den schlechten Erfahrungen während der letzten elf Tage. Wir sind ein paar Stunden dort geblieben, bis die Polizei alles überprüft hatte und für uns nach einem Ort geschaut hat, wo wir schlafen könnten. Sie brachten uns dann zu einem Ort, wo man nur abends schlafen kann, also wie eine Art Notschlafstelle, glaube ich. Es gab zu dieser Zeit keine Zelte in Münster, wie in den anderen Städten. Es wurden zu dieser Zeit aber nur Minderjährige dort aufgenommen. Mein älterer Bruder und mein Cousin waren über 18 und mein jüngerer Bruder und ich waren unter 18. Deshalb sollten mein Bruder und mein Cousin ohne uns nach Dortmund, aber wir wollten zusammenbleiben. Deswegen mussten wir Münster verlassen und nach Dortmund fahren. Wir sind dann in Dortmund in einem großen zentralen Camp, eine Art Erstaufnahmelager, angekommen. Von dort aus wurden

alle Flüchtlinge in ganz NRW bzw. im Ruhrgebiet verteilt. Es waren viele Menschen dort bei der Anmeldung.

Fast jede Stunde kamen auch neue Menschen. In diesem Camp habe ich meinen besten Freund Mohamad Chick Ali kennengelernt, der mich bis nach Essen begleitet hat. Es kamen und fuhren viele Busse, die die Menschen täglich in andere Städte mitgenommen haben. Wir sind ein paar Tage geblieben und dann wurden wir nach Neuss geschickt. In Neuss sind wir ungefähr einen Monat geblieben. Die Situation war da nicht so angenehm. Es waren viele Menschen da, die aus verschieden Ländern und Kulturen kamen, alle ohne Aufenthaltstitel, ohne Perspektive - und wir wussten gar nicht, ob wir überhaupt in Neuss bleiben würden. Wir haben zu viert in einem Zimmer geschlafen und gemeinsam mit vielen fremden Menschen gegessen.

Nach ungefähr einem Monat mussten wir wieder umziehen. Diesmal ging es nach Essen, wo ich momentan wohne.

Ich habe Essen nicht ausgesucht - Essen hat mich ausgesucht. Es war mir eigentlich egal, in welche Stadt ich gehe. Ich wollte nur endlich wieder ein normales Leben führen können.

Ein Leben ohne Krieg und Angst. Ein Leben mit Perspektiven und Zielen.

Wir nahmen also den Bus und fuhren nach Essen.

Wir waren die erste Gruppe, die im Zeltdorf an der Altenbergstraße gewohnt hat. Es bestand aus vielen Zelten mit einer Gemeinschaftsküche, gemeinsamen Toiletten und einem gemeinsamen Duschraum. Jedes große Zelt hatte mehrere kleine Zimmer, die für vier bis fünf Leute oder mehr ausgelegt waren. Eine leichte Wand trennte diese Zimmer voneinander. Privatsphäre hatte man nicht. Man konnte bzw. durfte sein Handy nicht im eigenen Zimmer aufladen. Es gab einen gemeinsamen Stecker in der Ecke des Zeltes. Es gab auch Zelte für Familien und Zelte für junge Leute, die ohne Familie gekommen waren. Viele Menschen mit unterschiedlichen Geschichten und unterschiedlichen Ansichten. Gemeinsam haben wir alle in einem Zelt gegessen. Die Toilette war ca. 500 Meter von dem eigenen Zimmer entfernt. Unser Camp stand auf einem Fußballplatz, soweit ich weiß.

Das erste, was wir per Post in Deutschland bekamen, war eine Steuernummer.
Man hat nun täglich auf einen Termin bei der Ausländerbehörde oder beim Bundesamt (BAMF) gewartet, um endlich in diesem Land anerkannt zu werden. Bis dahin lebte man offiziell illegal in Deutschland, ohne Papiere und ohne Aufenthaltstitel. Die Ausländerbehörde stellte die sogenannte

„Pima" aus, eine Art provisorische Aufenthaltserlaubnis, bis man einen Termin vom Bundesamt zur Anhörung bekam. Ich hoffe, ich habe die richtig geschrieben. Um dieses Dokument zu erhalten, musste man aber erst einmal einen Termin bei der Ausländerbehörde bekommen. Für uns dauerte dies einen Monat.

Wir sind dort hingefahren, ohne zu wissen, was uns da erwartet. Auf Deutsch konnten wir bis dahin nur „Bitte" und „Danke" sagen. Bei der Ausländerbehörde gab es keine Dolmetscher. „Hier wird nur Deutsch gesprochen!" hat man am Anfang öfter in den deutschen Behörden gehört. Wir saßen dort im Wartebereich, als plötzlich jemand hereinkam, der gut gekleidet war. Er sagte, dass er für alle Leute für 10 Euro die Stunde übersetzen würde.

Obwohl das gar nicht erlaubt war, konnte man so etwas zu dieser Zeit bei der Ausländerbehörde ohne Probleme machen. Der Mann nahm unsere Papiere und bat uns draußen zu warten. Er würde alles regeln. Nach etwa fünf Minuten kam der Mann wieder raus und hatte unsere Papiere in der Hand.

Da war also wieder jemand, der unsere Situation ausgenutzt hat. Es hatte sich nichts verändert, vielleicht war sogar alles schlimmer geworden. Denn später haben wir mitbekommen, dass diese Person drogenabhängig war und keinen guten

Lebenslauf hatte. Er war gut gekleidet, konnte Deutsch und so hat er die Leute einfach verarscht.

Ich sehe ihn ab und zu noch in der Stadt betteln. Einmal habe ich ihn in der Stadt getroffen, er hat mich nicht erkannt, er hat mir eine komische Geschichte erzählt und nach Geld gefragt. Er dachte wohl, er könne mich noch mal verarschen. Aber nichts da! Die Zeiten ändern sich. Denn das hat mir gezeigt, wie wichtig ist es, die Sprache in einem Land zu können. Ich wollte so schnell wie möglich die Sprache lernen und auf niemanden mehr angewiesen und niemandem mehr ausgeliefert sein. Ich wollte verstehen, bevor ich etwas unterschreibe. Ich wollte nicht noch mal auf jemanden hereinfallen, sondern stattdessen anderen Menschen helfen, damit ihnen so etwas nicht auch passiert.

Die Sprache war und ist der Schlüssel für alles und ohne Schlüssel kann man keine Türen öffnen.

Du wirst dich jetzt fragen, wie ich damals angefangen habe Deutsch zu lernen.

Vielleicht glaubst du mir nicht, aber ich habe mit dem Sänger der Band „Unheilig" und mit Messer und Gabel angefangen, Deutsch zu lernen.

Ich habe immer ein Messer, eine Gabel, einen Löffel und einen Teller zu den Sicherheitsleuten des Camps mitgenommen und sie gefragt, wie das heißen soll und wie man es aus-

sprechen muss. Ich habe mir alles notiert und versucht es zu lernen. Das war eine Herausforderung, die Aussprache war ein bisschen schwer für mich mit Ö, Ä und Ü, aber ich durfte nicht aufgeben. Ich hatte keine andere Wahl, als die Sprache zu lernen. Egal wie, egal wann und egal mit wem. Ich dachte, wenn ich Lieder auswendig lerne, würde mir das helfen, die Sprache schneller zu lernen. Ich habe das Lied „Geboren um zu leben" auswendig gelernt. Ich habe es mir oft angehört und den Text des Liedes geschrieben und geübt, obwohl ich nicht wusste, welche Bedeutung das Lied hatte. Ich hatte aber Spaß dabei. Ich habe jeden Buchstaben gefühlt, obwohl ich nichts verstanden habe. Es hat mich sehr gefreut das Lied auswendig zu können. Ich höre es gerade, während ich euch das alles erzähle. Es ist ein besonders komisches Gefühl.

Die Zeit ist einfach schnell vergangen.

Ich wollte weiter zur Schule gehen, mein Abi machen und an der Uni studieren. Das war wie ein Traum für mich. Aber einen Schulplatz zu bekommen, war gar nicht so einfach. Ich wusste auch nicht, wie das geht. Ich musste ein paar Monate warten, bis ich einen freien Platz auf irgendeiner Schule bekommen konnte.

Zum Glück gab es viele Menschen, Organisationen und Vereine, die uns im Camp und außerhalb des Camps Deutschkurse angeboten haben. Ich bin immer mit Inlinern von

einem Sprachkurs zum anderen gefahren. Tag und Nacht war ich nur am Dativ, Akkusativ und Nominativ lernen. Am Anfang war das alles ziemlich schwer.

Aber wie sagt man auf Deutsch: „Das Leben ist kein Ponyhof." Mein Leben war nie ein Ponyhof – höchstens vielleicht bis 2011, bis der Krieg in Syrien begann. Diesen Spruch habe ich von einer Frau gelernt, die mir sehr wichtig ist. Diese Frau hatte sich bereit erklärt, mir bei sich zuhause Deutsch beizubringen, obwohl sie mich gar nicht kannte. Diese Frau ist ein Engel – man kann sie nicht mit Worten beschreiben. Zusätzlich zu den Sprachkursen bin ich immer nach Essen-Werden zu dieser Frau gefahren, um Deutsch zu lernen. Sie hat mir Bücher, Stifte und Hefte gekauft. Aber was noch wichtiger war: Sie hat mir ihre Zeit geschenkt.

Ich weiß nicht, ob Du mein Buch lesen wirst, liebe Andrea.

Ich danke dir für alles, was Du für mich getan hast.

Du warst mehr als eine Lehrerin für mich. Du hast mir die Wärme gegeben, die mir in dieser Zeit von meiner Mutter fehlte.

Du warst für mich als Mensch da.

Obwohl Du oft krank warst, wolltest Du den Menschen trotzdem helfen. Du bist besonders und einzigartig!

Wegen Dir habe ich die Sprache schneller gelernt und war weiter als die anderen, als ich in der Vorbereitungsklasse in

der Schule war.

Du warst in der Phase an meiner Seite, als ich noch beim Aufstehen war.

Du bist bei mir geblieben, bis ich allein aufstehen konnte.

Du wirst immer eine wichtige Person in meinem Leben bleiben. Ich werde immer von dir erzählen.

Liebe Andrea, Danke Dir für alles!

In dieser Phase gab es auch eine andere Frau, die ich später kennengelernt habe.

Sie ist stark, selbstbewusst und akzeptiert kein Unrecht.

Sie hat mir mit der Sprache und der Wohnungssuche geholfen. Noch wichtiger ist: Sie ist die Person die mir Ratschläge gab, als ich Probleme hatte.

Sie begleitet mich immer noch in meinem Leben.

Liebe Beryl, Ich danke Dir für alles!!

Du bist mir sehr wichtig.

Es gab natürlich auch noch andere Menschen, die mich in bestimmten Phasen unterstützt haben.

Diese Menschen habe ich vielleicht nur ein oder zweimal getroffen, aber sie haben manchmal mein Leben komplett verändert und auf ein anderes Level gebracht. Sie gaben mir das Gefühl, willkommen zu sein. Sie haben geschätzt, was ich

machte und mich immer weiter motiviert.

Dadurch bin ich selbstbewusster geworden. Keiner kann mich aufhalten, wenn ich diese ganze Liebe und Hilfe um mich herumhabe.

Und nach ein paar Monaten habe ich endlich einen Schulplatz auf einem Berufskolleg bekommen. Es war für mich wie eine Hochzeit. Ich war sehr glücklich, endlich nach vier Jahren wieder zur Schule zu gehen. Es war keine Regelklasse, sondern eine internationale Klasse, wo Ausländer die deutsche Sprache lernen konnten, um dann in die Regelklasse zu wechseln. Darüber habe ich aber nicht nachgedacht, denn ich hatte das deutsche Schulsystem nie wirklich verstanden. Ich habe mich einfach gefreut, mich endlich wieder in einer Klasse melden zu können, habe mich auf die Tafel und die Sitzplätze gefreut. Das Gefühl kann ich gar nicht beschreiben, erst wenn man aufgrund des Krieges vier Jahre lang keine Schule besucht hat, kann man sich vorstellen, wie sich das anfühlt.

Mein Ziel war es immer mein Abitur zu machen, deshalb wollte ich unbedingt zum Gymnasium wechseln, obwohl das mit 18 Jahren sehr schwer war. Ich habe aber nicht aufgegeben. Ich bin einfach in Essen zum Schulamt gegangen, ohne Termin und ohne Plan. Ich habe nach Hilfe gefragt, dann wurde mir geholfen. Ganz einfach!

Denn Menschen werden dich schätzen, wenn sie den Willen bei dir sehen. Die Hilfe wird nicht von alleine bis zu deiner Haustür kommen!

Ich habe schließlich zum Unesco-Gymnasium gewechselt. Stellt euch vor: Ich musste die neunte Klasse wiederholen. Das war echt unglaublich, denn ich habe die neunte Klasse jetzt ganze dreimal absolviert und dreimal geschafft. Einmal bei den Rebellen in Syrien, einmal bei der Regierung in Syrien und einmal auf dem Unesco-Gymnasium in Essen.

Innerhalb dieser Zeit musste ich viermal umziehen, von einer Einrichtung zur anderen. Meinen Aufenthaltstitel habe ich erst nach einem Jahr bekommen. Auch die Schule war nicht einfach, besonders auf einem Gymnasium zu sein. Das Niveau ist auf einmal gestiegen. Ich musste für die verschiedenen Fächer lernen und parallel dazu noch mein Deutsch verbessern.

Es gab Lehrerinnen und Lehrer, die mich immer motiviert und meine Leistung geschätzt haben, und solche, die mich nur als einen Flüchtling gesehen haben, der das Abitur nie schaffen würde und doch „lieber eine Ausbildung starten sollte". „Nicht alle müssen Abitur machen" oder: „Deine Sprache ist nicht genügend, um hier zu sein" und „Qualität und nicht Quantität", das waren so die Sprüche, die ich zu hören

bekam. Sie hatten auch recht! Meine Sprache war nicht gut genug, um das Abitur zu schaffen, aber das war in der neunten Klasse, ich konnte noch nicht so gut Deutsch wie jetzt oder vielleicht später in zehn Jahren. Alles braucht Zeit und ich brauchte Zeit, um meine Ziele zu verwirklichen.

Ich kann das auch nachvollziehen, Lehrer und Lehrerinnen sind unterschiedlich und haben unterschiedliche Ansichten, aber ich kann nicht akzeptieren, dass man mir aufgrund meiner Herkunft eine schlechte Note gibt. Aber die, die mich oft demotiviert haben, waren vielleicht ein oder zwei. Schwarze Schafe gibt es immer.

Ich bin sehr dankbar, dass ich auf die UNESCO-Schule gehen konnte. In dieser Schule habe ich gute Menschen kennengelernt, ich habe meine Sprache verbessert und ich konnte mich verbessern. Allein auf der UNESCO-Schule zu sein, ist eine Bereicherung. Mehr als 40 Nationen und Kulturen besuchen diese Schule. Was aber für mich manchmal schwierig war, ist der Altersunterschied. Ich war 18 Jahre alt, als ich in die neunte Klasse kam. Andere, die hier geboren sind und mit mir in derselben Klasse waren, waren zwischen 14 und 16 Jahre alt. Es war für mich und für sie gleichermaßen unnormal aber mit der Zeit gewöhnte man sich daran. Trotz großen Drucks habe ich die neunte, zehnte, elfte und noch zwölfte Klasse geschafft! Also jetzt habe ich offiziell mein Fachabitur mit einem

Durchschnitt von 2,0. Ich ziehe das durch. Mein Ziel war immer, mein Abitur zu schaffen und an der Uni zu studieren. Ich bin schon nah dran!

Ich habe es bis hierher geschafft, aber andere leider nicht! Nicht weil sie es nicht hätten schaffen können, sondern weil sie oft von Lehrerinnen und Lehrern demotiviert worden sind. Lehrer zu sein, ist ein sehr wichtiger Beruf in Deutschland. Lehrer sind Menschen, sie können Vorurteile haben, wie jeder andere Mensch auch, aber sie sollten ihre Vorurteile draußen lassen, wenn sie das Schulgebäude betreten und alle Schüler und Schülerinnen gleich behandeln. Auch wenn diese schlechte Leistungen in der Schule erbringen, sollten sie trotzdem weiter von ihrem Lehrer motiviert werden. Ein gutes Wort kann das ganze Leben eines Menschen verändern. Lehrer haben einen sehr starken psychischen Einfluss auf Schüler. Ihre Worte können einen aufbauen oder herunterziehen.

Ich spreche aus Erfahrung, aber zunächst nur aus meiner eigenen Erfahrung. Mich hat interessiert, andere Erfahrungen von anderen Schülerinnen und Schülern zu hören. Deshalb habe ich eine Umfrage mit einer Schüler-Gruppe mit Fluchthintergrund auf Facebook gemacht, wo ich nach ihren Erfahrung mit Rassismus in der Schule durch Lehrer gefragt habe.

Ich war schockiert von all den Geschichten, die ich gelesen habe, besonders aus Ostdeutschland und von Mädchen, die Kopftuch trugen. Schüler und Schülerinnen werden aufgrund ihrer Herkunft und Religion diskriminiert und abgewertet.

Ich fragte immer nicht nur nach dem Problem, sondern auch nach der Lösungsidee, falls es eine gibt. Einige meinten, dass Klassen mit Überwachungskameras überwacht werden sollten, damit man den versteckten Rassismus erwischen und hart bestrafen könnte. Andere meinten, dass Lehrer aufgeklärt werden sollten, z.B. darüber, warum Menschen flüchten müssen, dass das Lernen der deutschen Sprache Zeit braucht und dass alle Schüler unabhängig von der Herkunft und Religion, gleichwertig gesehen werden sollen.

Um das zu stabilisieren, müssen die Werte des deutschen Grundgesetzes, besonderes Artikel 3 an Orten wie Schule massiv gestärkt werden. Die Schüler bzw. Menschen wollen keine besondere Behandlung bekommen, sondern eine faire Benotung nach Leistung und nicht nach Aussehen.

Wie gesagt, das sage ich auch noch mal: Schwarze Schafe gibt es überall.

Aber ich habe auch gute Geschichten gehört.

Zum Beispiel mein Lehrer Tobias Kammer, er ist Lehrer auf der UNESCO-Schule. Er hat immer geschätzt, was ich alles nebenbei machte und wie ich alles geschafft habe. Diese

Wertschätzung hat mich motiviert weiterzumachen.

Seine Worte sind und bleiben mir wertvoll und unvergesslich: „Mach weiter Moutasm, Ich glaube an dich!"

Herr Kammer, ich weiß nicht, ob Sie mein Buch lesen werden, aber ich danke Ihnen für alles! Bleiben Sie, wie Sie sind, denn Sie sind cool, so wie Sie sind.

Mich würde auch die andere Perspektive interessieren, die Perspektive der Lehrerinnen und Lehrer.

Was sagt ihr bzw. was sagen Sie dazu? Ich weiß nicht, ob ich Lehrer:innen auch in meinem Buch siezen muss, deshalb habe ich „ihr" und „Sie" geschrieben. Lest/ Lesen Sie, was Ihnen am besten gefällt, aber ich schreibe weiter mit du bzw. ihr, weil es einfacher ist.

Zurück zum Thema:

Was sagt ihr dazu? Stimmt es, dass Schüler:innen wie ich von manchen von euch rassistisch behandelt wurden? Könnt ihr euch das vorstellen? Oder sind manche von euch einfach nur streng und kalt und würden niemals eine:n Schüler:innen der Klasse aufgrund seiner Herkunft diskriminieren?

Stimmt es, dass manche von euch sich nicht an die Werte des Grundgesetzes halten, obwohl ihr den Staat als Beamt:innen in der Schule vertretet? Stimmt es, dass manche von euch manche Schüler:innen, aufgrund deren Herkunft und Glaubens nicht immer fair benotet haben? Das würde mich ehrlich

interessieren!

Es gibt noch weitere Probleme, die jeden betreffen können, z.B. das Verstehen des deutschen Schulsystems, war für viele ein Problem ist, die nach Deutschland kamen. Viele konnten Gymnasium, Gesamt-, Beruf- und Hauptschulen nicht unterscheiden. Da hätte ich mir mehr Aufklärung gewünscht.

Also zusammengefasst:

Bildung ist sehr wichtig für Menschen, die neu nach Deutschland kommen. Ohne Bildung und Bildungschancengleichheit für diese Menschen, kann man nicht von der sogenannten „gelungenen Integration" sprechen, also wenn man von dieser Gruppe von Menschen spricht.

Bildung ist generell für jeden Menschen wichtig und nötig. Jeder Mensch sollte das Recht auf eine gute Bildung haben.

Nebenbei habe ich mich nach der Schule ehrenamtlich in verschieden Bereichen bei verschiedenen Organisationen engagiert. Ich wollte aktiv werden, etwas Gutes in der Gesellschaft bewirken und helfen, wo ich kann.

Dadurch konnte ich schnell und besser Deutsch lernen, viele unterschiedliche Menschen kennenlernen und mich charakterlich und perspektivisch weiterentwickeln. Obwohl ich manchmal meine Schule vernachlässigt habe, wollte ich mich

trotzdem weiter sozial engagieren. Es hat mir immer Freude gemacht, zu sehen, wie Menschen sich freuen, wenn ihnen geholfen wird. Denn ich hatte auch Freude, als mir geholfen wurde, ich kenne dieses Gefühl. Durch das soziale Engagement konnte ich das Leben in Deutschland besser verstehen. Ich sah, unter welchen Problemen manche Menschen leiden und was sie in diesem Land stört.

Ich möchte jetzt aber noch die Probleme ansprechen, von denen ich selber als Person betroffen war und für die ich mich oft rechtfertigen musste: z.B. die Punkte Integration, Medien, Rassismus und Angst. Alles aus meiner Sicht und aus der Sicht meiner eigenen Erfahrungen!

Das Verständnis von Integration aus meiner Sicht:
Bevor ich dir von dem Begriff Integration aus meiner Sicht erzähle, schreibe bitte auf einen Zettel, was du unter Integration hier in Deutschland verstehst und wie oft du das Wort in der Woche hörst!
Am Ende vergleiche bitte mal meine Sicht mit deiner!
Dieses Wort Integration hört man, glaube ich, seitdem Ausländer in Deutschland leben, und es wird scheinbar nur mit bestimmten Gruppen von Ausländern verbunden. Doch seit 2015, der sogenannten „Flüchtlingskrise", wird massiv

darüber geredet und diskutiert.

„Diese Flüchtlinge müssen sich integrieren." Diesen Satz habe ich überall und von allen gehört. Auch von mir und von anderen Flüchtlingen: „Ich muss mich integrieren", bis ich begann, einmal genauer darüber nachzudenken. Ab da habe ich aufgehört, mich so zu integrieren, wie es manche Menschen wollen. Denn: Bevor wir eine Sache fordern oder tun, müssen wir sie verstehen. Es gibt Menschen, die fordern, dass andere Menschen sich in eine Gesellschaft integrieren ohne zu wissen, was der Begriff genau bedeutet.

Wann kann man sagen, dass jemand integriert ist?

Wer soll sich überhaupt integrieren? Wann kann man sagen, dass irgendjemand sich integrieren muss?

Diese Fragen kann man leider nicht so leicht beantworten, denn jeder Mensch hat seine eigene Antwort aus seiner eigenen Sicht, die wiederum aus seiner Sicht für alle anderen gelten muss.

Die einen befürworten, dass die Flüchtlinge die Werte der Einheimischen annehmen und auf ihre eigene Kultur verzichten sollen. Hierbei wird Assimilation mit Integration vermischt. Solange diese Menschen aber Integration in dieser Art und Weise denken, werden ihre Erwartungen kaum erfüllt werden und Flüchtlinge bzw. Zugewanderte werden als nicht integrierbar angesehen.

Die anderen wollen, dass Flüchtlinge die Sprache so schnell wie möglich lernen und in den Arbeitsmarkt starten und sich selbst finanzieren. Jedoch ist es Flüchtlingen erst gestattet zu arbeiten, wenn sie einen gültigen Aufenthaltsstatus bekommen. Wenn sie dann anfangen zu arbeiten, machen sich einige Menschen Sorgen um ihre Arbeitsplätze. „Die nehmen uns unsere Arbeitsplätze weg". Dabei bekommen Flüchtlinge aufgrund der Sprache, ihres Aufenthaltstitels und ihrer Herkunft nicht leicht einen Job.

Integration aus meiner Sicht ist, wenn ich mit dir zum Beispiel Weihnachten feiere und du mit mir einmal fasten brichst oder ich mit dir Fußball schaue und du mit mir Shisha rauchst.

Integration aus meiner Sicht ist nicht, wenn ich die Sprache lerne, zur Schule gehe, arbeite, Steuern zahle, mich an die Regeln halte und mich an den Werten und Normen des deutschen Grundgesetzes orientiere. Das ist keine Integration, das ist selbstverständlich - nicht nur in Deutschland, sondern in der ganzen Welt. Für andere zählt das vielleicht mit zur Integration für mich aber nicht. Es ist ja meine Sicht!

Integration ist, wenn unterschiedliche Menschen unabhängig von der Religion und Herkunft miteinander offen auf Augenhöhe reden können, sich gemeinsam freuen und gemeinsam trauern können.

Wenn das nicht der Fall wäre, hätten wir parallele Gesellschaften, die in einem Land wohnen. Jetzt kannst du auf deinen Zettel schauen und das Verständnis von Integration aus meiner und deiner Sicht vergleichen!

Die Medien aus meiner Sicht:
Medien sind eine Macht, die Menschen beeinflussen, manipulieren oder beeindrucken können.

Medien sind eine Macht, die einem Menschen helfen, ihn aber auch zerstören können.

Was ist die Aufgabe der Medien im Allgemeinen?

Sie beliefern uns mit unterschiedlichen Nachrichten aus der ganzen Welt und aus dem eigenen Land. Sie erläutern auch verschiedene wichtige Informationen und transportieren Werbung für viele unterschiedliche Firmen und Organisationen.

Außerdem teilen sie uns auch Geschichten von Menschen mit, die Probleme haben oder nach Hilfe rufen etc. etc. etc.... Sie tun viele Dinge, die ich jetzt nicht alle erwähnen kann.

Es geht mir dabei nicht darum, welche Themen, Probleme etc. die Medien uns täglich mitteilen, sondern WIE sie das machen bzw. WIE sie ihre Berichterstattungen formulieren, besonders die Titel. Und da gibt es Unterschiede zwischen den verschiedenen Medien.

Ein Beispiel: Ich mache eine Scheibe in Essen, Deutschland kaputt. Jetzt wollen die Medien darüber berichten.

Einige schreiben: „Eine Scheibe ist heute in Essen von einem jungen Mann zerstört worden. Zum Glück wurde niemanden verletzt." Punkt

Andere schreiben: „Ein syrischer Flüchtling, der seit 2015 in Deutschland lebt, machte eine Scheibe kaputt, zum Glück wurde niemand verletzt." Der Täter kommt aus Raqqa, eine Stadt, die zwei Jahre vom IS regiert wurde.

Seit 2015 hat Deutschland viele Flüchtlinge aufgenommen.

Diese zwei Beiträge könnten so online in den sozialen Netzwerken auftauchen.

Was denkt ihr, wie die Kommentare dort aussehen würden?

In dem ersten Beitrag würde zum Beispiel stehen: „Zum Glück wurde niemand verletzt."

In dem zweiten Beitrag würde zum Beispiel stehen: „Geht zurück, ihr scheiß Flüchtlinge", „Danke Merkel", „armes Deutschland" und immer mehr solcher Kommentare, die nie aufhören werden.

Also in dem zweiten Beitrag würde dann eine ganze Gruppe von Menschen aufgrund ihrer Herkunft rassistisch beleidigt und abgewertet, nur weil einer aus dieser Gruppe eine Straftat begangen hat. Die Menschen werden durch solche Formulierungen emotional beeinflusst, sodass sie solche

Kommentare schreiben. Solche Formulierungen bringen mehr Klicks und Geld.

Auch positive Nachrichten können negativ formuliert werden. Und das passiert jeden Tag. Seitdem ich Deutsch kann, lese ich jeden Tag solche Formulierungen, die nur Hass und Trennung unter den Menschen verbreiten.

Ich lese auch die Kommentare, die daruntergeschrieben werden. Jeden Tag.

Ich sehe bei solchen Beiträgen meistens nur Wut-Smileys.

Auch auf Seiten von rechten Parteien. Geht bitte einmal ins Internet und lest die Kommentare dort und guckt, wie einfach eine Gruppe von Menschen aufgrund ihrer Herkunft, Religion und Sprache rassistisch beleidigt und angegriffen werden kann.

Ich frage mich immer, was ist mit den Werten des Grundgesetzes? Was mit Artikel 3?

Ja es gibt Probleme, es gibt Kriminelle! ABER, das gibt es in jedem Land und nicht nur in Deutschland. Kriminalität hat keine bestimmte Herkunft und Nationalität.

Man soll über die Probleme sprechen und versuchen sie zu lösen, aber es kommt darauf an, wie etwas gesagt wird, wie man darüber redet und wie man den Menschen etwas mitteilt.

Was habe ich damit zu tun, wenn jemand aus meinem Land kommt, die gleiche Sprache wie ich spricht oder an dieselbe Religion glaubt, und dann eine Straftat begeht?

Warum wird immer eine ganze Gruppe von Menschen in eine Schublade gesteckt?

Deshalb kam ich auf die Idee „Solidarität TV" unter dem Motto: „Wir gemeinsam sind stärker als Du oder Ich" zu gründen. Eine Medien-Organisation, die die Menschen mit ihren Beträgen zusammenbringen, Vorurteile abbauen und den Menschen eine Stimme geben soll.

Wenn Medien die Menschen trennen können, können sie sie auch zusammenbringen und Rassismus stoppen.

Mit Hilfe meiner Freunde habe ich angefangen, unabhängig von Religion, Sexualität, Herkunft, politischer Meinung oder Sprache Videos zu drehen, in denen wir versuchen, Solidarität in der Gesellschaft zu verbreiten. Neben der Schule, unbezahlt, haben wir viel Zeit damit verbracht, nur um zu versuchen, die Menschen näher zueinander zu bringen. Ob sich etwas ändert, weiß ich nicht, aber ich leiste meinen Beitrag. Ich mache, was ich kann und helfe, wo ich kann.

Seit der Gründung haben wir mehr als 50 Videos gedreht und haben mit vielen unterschiedlichen Organisationen zusammengearbeitet.

Wir orientieren uns ausschließlich am deutschen Grundgesetz und hoffen dabei, dass sich diejenigen Medien, die nur
Hass und Rassismus unter den Menschen verbreiten, auch
daran orientieren. Es müsste mit den Menschen auf Augenhöhe gesprochen werden und nicht über sie.

Angst aus meiner Sicht:
Wie entsteht Angst? Welche Folgen hat sie für uns und für
andere Menschen?
Menschen bekommen normalerweise Angst, wenn sie sich in
Gefahr fühlen oder wenn etwas für sie fremd ist bzw. sie etwas nicht kennen.
Als Beispiel: Es kommen 2015 viele Menschen nach Deutschland, die du gar nicht kennst. Du bekommst Angst, dass viele fremde Menschen deine Nachbarn sein könnten oder mit
deinen Kindern gemeinsam in die Schule gehen. Statt sie
persönlich kennenzulernen, versuchst du sie über Medien
kennenzulernen, die von diesen Menschen leider meistens
nur Negatives ins Netz stellen. Du machst dir direkt einen
schlechten Eindruck von diesen Menschen und vermeidest
den Kontakt zu ihnen, weil du denkst bzw. leider glaubst,
dass sie alle, schlechte Menschen sind, ungebildet, von Steu-
ergeldern leben wollen und Frauen „angrabschen".
Also beurteilst du eine ganze Gruppe von Menschen und

steckst sie in eine Schublade, ohne einen direkten Kontakt mit ihnen zu haben.

Jetzt kommt einer und sagt: „Das stimmt nicht, ich habe oft persönlich schlechte Erfahrungen mit solchen Menschen gemacht." Ja das kann passieren, „schwarze Schafe" gibt es überall, das kann man leider nicht ändern. Aber was viel wichtiger ist, dass wir einzelne Menschen beurteilen und nicht eine ganze Gruppe von Menschen, nur weil sie aus dem gleichen Land stammen. Das gilt auch für Leute, die sagen, dass alle Deutschen Nazis seien. Das geht auch gar nicht! Ich betrachte Menschen einzeln, unabhängig von ihren Familiennamen. Um diese Angst zu beenden, sollten wir aufeinander zugehen, uns näher kennenlernen und uns einen eigenen Eindruck von der Person, seinem Charakter und Verhalten machen. Denn diese Angst führt zum versteckten Rassismus und zu Parallelgesellschaften. Lasst uns persönlich „unter vier Augen" kennenlernen und nicht über Medien, die Hass und Trennung unter uns verbreiten. Es reicht! Nicht von wir und ihr sprechen!! Das ihr kann weg und lasst uns nur von wir und uns sprechen. Nur gemeinsam können wir die Ängste bewältigen!

Rassismus aus meiner Sicht:

„Niemand wird geboren, um einen anderen Menschen zu hassen. Einige haben zu hassen gelernt und wenn sie zu hassen gelernt haben, dann kann Ihnen auch gelehrt werden zu lieben, denn Liebe empfindet das menschliche Herz viel natürlicher als ihr Gegenteil." (aus der Mandela-Autobiografie „Long Walk To Freedom", 1994)

Grundgesetz für die Bundesrepublik Deutschland Art 3

1) Alle Menschen sind vor dem Gesetz gleich.

2) Männer und Frauen sind gleichberechtigt. Der Staat fördert die tatsächliche Durchsetzung der Gleichberechtigung von Frauen und Männern und wirkt auf die Beseitigung bestehender Nachteile hin.

3) Niemand darf wegen seines Geschlechtes, seiner Abstammung, seiner Rasse, seiner Sprache, seiner Heimat und Herkunft, seines Glaubens, seiner religiösen oder politischen Anschauungen benachteiligt oder bevorzugt werden. Niemand darf wegen seiner Behinderung benachteiligt werden.

Das ist auch meine Sicht und daran orientiere ich mich. Mehr gibt es dazu nicht zu sagen.

Ende

Alles hat ein Ende, auch mein Buch. Aber wie sagt man so schön: „Das Beste kommt zum Ende."

Meine Familie

Seit 2013 konnten wir leider nicht mehr unter einem Dach zusammensitzen und gemeinsam essen und quatschen, uns gemeinsam freuen und gemeinsam trauern.

Der Krieg hat uns und viele Familien getrennt, aber unsere Seelen und Gefühle waren immer miteinander verbunden. Wir waren immer füreinander da, obwohl wir nicht miteinander waren. Mein Erfolg war eurer und euer Erfolg war meiner. Ich habe mich immer gefreut, wenn ihr glücklich wart. Ihr habt euch immer gefreut, wenn ich glücklich war. Ich war traurig, wenn ihr traurig wart, und ihr wart immer traurig, wenn ich traurig war - besonders mein Vater und meine Mutter. Obwohl wir seit 2013 nie richtig zusammengesessen haben und ich euch seit fünf Jahren nicht mehr gesehen habe, haben wir jeden Tag miteinander telefoniert und waren füreinander da.

Euch war nur eins wichtig: dass ich mein Abi schaffe, studiere und glücklich lebe. Meine Familie, Mutter und Vater, meine Schwester und meine Brüder, ich liebe euch über alles.

Ihr seid der Grund, warum ich noch weitermachen kann. Ihr seid der Grund, warum ich die Hoffnung nie verloren habe. DANKE, dass es euch gibt!

Die Energie und die Hoffnung, die ihr mir gegeben habt, kann ich hier nicht mit Worten beschreiben.

Enge Freund:innen habe ich nicht wenige, aber echte Freund:innen waren nicht viele.

Diese echten Freund:innen wissen nicht nur vieles von mir, sondern sie haben vieles mit mir erlebt. Ich werde sie nicht beschreiben, denn das Wort „echt" reicht aus, sie zu beschreiben.

Besonders Du Mohamad! Küss die Augen habibi.

Danke für alle schönen Zeiten! Danke, dass ich dir ohne Angst vertrauen konnte. Danke, dass du mit mir die ganze Nacht wach geblieben bist und mir zugehört hast, obwohl du immer kaputt von der Arbeit kamst.

Fadel, Raed, Kinan, Naif, Magdi, Abu Elias, Fouad, Eren, Suleyman, Yassir, Oscar, Sido, Fahri, Munir, Ivan, Gwan, Feisal, Clara, Laura, Jana, Marvin, Rahand und auch viele andere, die mit mir durch dick und dünn gegangen sind.

Mein Dank geht auch an alle, die mich auf meinem steinigen Weg unterstützt haben, wie Sandra, Andrea, Johannes, Lisa, Kristina, Sahin, Sahil, Beryl, Monika, Reinhard, Tuncer, Bernd, Hmedi, Herrn Zaschke, Herrn Kammer, Christi und viele andere, die mich und meine Leistung geschätzt haben.

Ein besonderer Dank geht an das Projekt „Think Big" von der „Deutschen Kinder und Jugendstiftung" und „Telefonica".
Von euch habe ich vieles gelernt, ich konnte mich weiterentwickeln und „Solidarität TV" ins Leben rufen.
Auch alle Vereine, Ehrenamtler:innen und Organisationen, die sich für die Menschen eingesetzt haben, wie z.B. „WDRforyou", „Förderunterricht" der Uni Essen, ProAsyl, „Seebrücke", das „VielRespektZentrum" und „Seewatch".

Liebe Monika und liebe Katrin: danke, dass ihr euch Zeit für mich genommen habt und mein Buch sprachlich korrigiert habt.

Dank auch an das „Jobcenter" und „Jugendamt" der Stadt Essen.
Mit eurer Unterstützung konnte ich weiter zur Schule gehen und wieder ein normales Leben führen.

Ich würde mich auch bei der Ausländerbehörde der Stadt Essen bedanken, mache ich aber nicht, weil ihr euch seit 2015, vielleicht auch länger, leider nie verbessert habt.

Als Ausländer bzw. Flüchtling muss man immer Angst haben, wenn man einen Termin bei euch hat. Der Termin ist dann mindestens nach sechs Monaten, wenn ihr überhaupt ans Telefon geht.

Ich weiß nicht, ob ihr daran schuld seid oder die Parteien, die diese Stadt regieren.

Ende des Endes

Dieses Buch habe ich nicht geschrieben, damit ihr Mitleid mit mir habt oder damit ihr mich belohnt und mich als einen tollen Menschen anseht oder dergleichen. Ich will mich damit auch nicht rechtfertigen, warum ich Syrien verlassen musste und nach Deutschland kam.

Ich will euch damit nur erzählen, was die Medien euch nicht erzählen, zum Beispiel wie schlimm es ist, Krieg zu erleben, alles zu verlieren, die eigene Familie zu verlassen und zu sehen, wenn Freund:innen sterben.

Wie schwer es ist, mit dem Schlauchboot zu flüchten und in ein fremdes Land zu kommen und dort leben zu müssen.

Welche Schwierigkeiten man als Flüchtling hat, der noch kein Deutsch konnte und alles selber machen musste.

Ich bin nur ein Beispiel für viele Menschen, die wie ich auch, darunter gelitten haben.

Ich möchte nur, dass ihr darüber nachdenkt, dankbar bleibt dafür, was ihr noch habt. Dass ihr Dinge wie Strom, Wasser, Sicherheit, Essen, Familie oder in die Schule gehen zu können…etc. schätzt. Für euch sind das vielleicht Selbstverständlichkeiten, aber für andere sind diese Dinge nur Vergangenheit und Erinnerungen.

Oft schätzt man eine Sache erst, wenn man sie verloren hat.

Ich will euch nur die Wahrheit mitteilen. Eine Wahrheit, die aus meiner Sicht stammt. Denn es gibt nicht die „eine Wahrheit", es gibt kein richtig oder falsch. Jeder Mensch glaubt an seine Wahrheit, die er gesehen und erlebt hat. Jeder Mensch sieht die Welt aus seiner eigenen Sicht, die veränderbar ist.

Ich weiß viel, und ich weiß, dass du auch viel weißt.

Aber wenn du viel weißt, worüber ich nichts weiß, heißt es nicht, dass ich nichts weiß, sondern, dass ich nicht dabei war, als du anfingst, das zu wissen.

Ich weiß auch Sachen, über die du nichts weißt. Aber ich würde dir nicht sagen, dass du nichts weißt, weil du nicht weißt, was ich weiß. Denn ich weiß, dass du nicht dabei warst, als ich anfing, das zu wissen. Eines weiß ich aber genau: Es gibt Menschenrechte, die für alle Menschen gelten und nur aus dieser Sicht betrachtet werden dürfen!!

Niemand von uns wird ewig auf dieser Welt leben. Ob wir es wollen oder nicht, werden wir am Ende ums Leben kommen. Das Einzige was bleibt, sind unsere guten Taten und die schönen und schlechten Erinnerungen an uns. Kein Mensch ist perfekt oder fehlerlos. Wir alle machen Fehler.

Ich bin jetzt zweiundzwanzig Jahre alt, und ich weiß, wie es ist, reich und arm zu leben.

Ich habe den Krieg, Bomben, Entführung, Schlauchboot und den IS erlebt, ich habe monatelang ohne Strom und Wasser gelebt und mich vor Luftangriffen versteckt.

Ich habe viele Leichen und zu viel Blut gesehen. Ich habe viele gute Freund:innen und Familienmitglieder verloren, die jung ums Leben kamen. Und jetzt noch Schutzmaske und Corona! Ich bin gespannt, was mich noch erwartet und was auf mich zukommen wird. Irgendwann ist ja der „Tank leer", aber ich werde bis zum Ende kämpfen, solange ich atmen kann und Energie in mir drin habe. Egal wann und wie es endet, wünsche ich mir nur ein Happy-End! Ein Ende ohne Krieg und ohne Bomben! Es gibt diesen Spruch: „Ende gut - alles gut". Es wird aber nicht von alleine alles gut!!

Wenn wir es nicht selber gut machen, wird nichts gut sein. Wenn wir nicht aufhören, uns gegenseitig zu bekämpfen und uns aufgrund der Herkunft, Religion, Sprache, Sexualität und Kultur rassistisch zu begegnen und abzuwerten, wird unsere Welt immer so grausam aussehen! Wenn wir nicht aufhören, Kriegstreiber mit Waffen, Soldaten und Geld zu beliefern, werden immer unschuldige Menschen sterben und es wird weiter Flüchtlinge geben.

Zu der Frage warum ich nach Deutschland wollte, also warum genau Deutschland?

Diese Frage kann ich nicht einfach beantworten, ich wollte einfach wieder ein normales Leben führen können, wo ich mir keine Sorgen machen muss, zufällig von einer Bombe getroffen zu werden und dabei zu sterben, oder einen Arm oder ein Bein zu verlieren. Ein Leben, wo ich als Mensch die gleichen Rechte wie alle anderen habe, und wo Menschenrechte und Menschenwürde an der obersten Stelle stehen.

Dies lässt sich gut bestätigen, wenn man die ersten 19 Artikel des deutschen Grundgesetzes liest.

Das spricht für Deutschland! Das dürfen die Deutschen ruhig als Kompliment verstehen.

Also nicht wegen Jobcenter oder Kindergeld. Kein Mensch verlässt seine Heimat einfach so und kommt nach Deutschland, um Sozialhilfe zu beziehen!

Das Einzige, was ich von Deutschland damals kannte und wusste, waren teure Autos, dass deutsche Kühlschränke länger hielten als chinesische und „Bayern München".

Jetzt auch noch zu der Frage, ob ich irgendwann nach Syrien zukehren möchte.

Ja, ich möchte gerne wieder in meiner Heimat leben. Jeder will an dem Ort leben, wo er geboren und aufgewachsen ist.

Aber nur wenn es an diesem Ort keinen Krieg gibt. Ein Ort, in dem Frieden herrscht und Menschenrechte an der obersten Stelle stehen.

Solange das noch nicht so ist, bleibe ich hier in meiner zweiten Heimat, Deutschland, weil Deutschland meine zweite Heimat wurde.

Ich habe hier in Deutschland in der Stadt Essen meine zweite Heimat gefunden. Deutschland hat mich und viele andere Menschen aufgenommen und uns geholfen. Ich bin dafür sehr dankbar, denn ich habe hier in Deutschland endlich Ruhe und Frieden gefunden, was mir in den Jahren davor gefehlt hat. Ich bin und bleibe aber auch Syrer, der seine ursprüngliche Heimat vermisst und dieser täglich Frieden wünscht. Ich weiß nicht, ob ich mich irgendwann als Deutscher bezeichnen kann, aber ich bin auch ein Teil der Gesellschaft in Deutschland und fühle die Zugehörigkeit, ob es manche akzeptieren oder ablehnen möchten.

Meine Damen und Herren, Habibies und Haboubies!
Hier ist das Ende meiner Zeilen, aus meiner Sicht.
Das Leben geht weiter.
Macht bitte das Beste daraus!
Bleibt gesund!

Euer Moutasm
Von manchen gerne „Flüchtlingskrise" genannt

Artikel 1

(1) Die Würde des Menschen ist unantastbar.

Sie zu achten und zu schützen ist Verpflichtung

aller staatlichen Gewalt.

Zeitfracht Medien GmbH
Ferdinand-Jühlke-Straße 7
99095 Erfurt, Deutschland
produktsicherheit@kolibri360.de